# Alcoholismo y codependencia

## ALEXANDER DE JONG

EDITORIAL
UNILIT

Publicado por
Editorial **Unilit**
Miami, Fl. U.S.A.
Derechos reservados

Primera edición 1994

Copyright © 1991, por Alexander C. DeJong
Publicado por  Tyndale House Publishers, Inc.
Wheaton, Illinois
Título original en inglés: *Alcoholism and Codependency*
Todos los derechos reservados. Este libro o porciones no
puede ser reproducido sin el permiso escrito de los editores

Traducido al  castellano por: Héctor Aguilar

Citas Bíblicas tomadas de la versión Reina Valera,
Revisión 1960 © Sociedades Bíblicas Unidas,
Usada con permiso.

Cubierta diseñada por: Alicia Mejías

Impreso en Colombia
Producto 490220
ISBN-1-56063-758-7

*Printed in Colombia*

*Oh Espíritu Santo, amor de Dios, infunde tu gracia y desciende plenamente en mi corazón; ilumina los rincones oscuros de esa habitación despreciada, y esparce allí tus rayos de gozo; habita en esa alma que quiere ser tu templo; riega ese suelo desierto, que está lleno de hierbas, y nadie desea cultivarlo, y vuélvelo fructífero con tu rocío del cielo. Oh, que venga tu frescura en aquellos que se debilitan y desmayan. Venga, tu estrella y que guíe a aquellos que navegan en el tempestuoso mar del mundo, tú eres la única bahía de aquellos que son llevados de un lado a otro y de aquellos que naufragan. Ven, tú que eres la Gloria y la Corona de los vivientes, y el único lugar seguro de los que perecen. Ven, Espíritu Santo, con mucha misericordia, y hazme capaz de recibirte. Amén.*

**San Agustín**

**Lo que los profesionales están diciendo acerca del libro**
*El Alcoholismo y la codependencia.*

"Este libro debería estar en la lista de los libros que se recomienda que se lean ... ¿Por qué? Porque hay más ignorancia que conocimiento, más prejuicios que entendimiento, más secretos que apertura cuando se llega al alcoholismo y a la codependencia que para casi cualquier otra condición que aflige a la raza humana. Se han escrito muchos libros acerca del alcoholismo. Algunos por alcohólicos que se han recuperado y que no son cristianos; otros por cristianos que no son alcohólicos. Pero el autor de este libro habla desde adentro, como cristiano y como alcohólico regenerado.

"El desastre está a un paso corto de todas las personas que toman. Lo sé. Soy uno de esos que, en algún momento, perdí mi moderación. El Soberano Alcohol se convirtió en mi obsesión, y me llevó a una vida de soledad, desesperanza, y desesperación.

"Este libro ayudará a las familias que sufren para que entiendan qué es lo que le está sucediendo a su ser amado. Los guiará para que sepan cómo pueden ayudar, y dónde pueden ir para encontrar ayuda para ellos mismos.

"El programa de este libro puede introducirte, aun si tú no eres alcohólico, a una nueva dimensión de alegría y de paz interna. [Con este libro,] estarás en el camino en donde descubrirás qué fue lo que quiso decir Pablo cuando escribió, 'Pues he aprendido a contentarme, cualquiera que sea mi situación' (Filipenses 4:11)".

*Jack Hywel-Davies, autor y locutor, presentador del programa matutino de los domingos Radio 4 de la BBC, Morning Has Broken.*

"Las palabras del profeta Oseas, 'Mi pueblo fue destruido, porque le faltó conocimiento', trágicamente se aplican al día de hoy con la crisis creciente dentro de las iglesias confundidas por la enfermedad de la dependencia y codependencia química. Muchos dentro del pueblo de Dios (tanto familias como individuos) están siendo destruidos por falta de conocimiento con respecto a esta enfermedad —cómo reconocerla, cómo tratarla, cómo encontrar la recuperación de sus efectos devastantes.

"El libro de Alexander DeJong es un regalo extraordinario de parte de Dios para los individuos y para las congregaciones preocupadas por este problema. Con una convicción cristiana fiel y plena y en un estilo claro y conciso, el doctor DeJong en este libro suple todo el conocimiento que se necesita tan desesperadamente para una respuesta que traiga una sanidad efectiva. Como un clérigo alcohólico recuperado, terapeuta familiar y consejero certificado para alcohólicos, y director clínico del programa de alcoholismo y del abuso de las drogas, recomiendo este libro a cualquier persona dentro de la iglesia que quiere ser parte de la solución de un problema tan urgente".

*Robert J. Weinhold, director asociado, Calvary Rehabilitation Center, Phoenix Arizona.*

"Habiendo trabajado durante muchos años con familias que luchan con el alcoholismo, me he convencido de que los miembros de la familia son tan afectados en su salud como el mismo alcohólico. *Todos* los que se encuentran dentro de la familia son afectados. *Todos* necesitan ayuda. *Todos* necesitan un programa de recuperación. El nuevo libro del doctor DeJong da un bosquejo amplio del problema y les enseña a las familias recursos de mucho valor. El entrenamiento teológico del doctor DeJong y su habilidad para organizar son muy apreciados. Los cristianos que se interesan en el tema harán bien en tener este libro en sus estantes".

*Doctor Richard E. Grevengoed, director ejecutivo de Cristian Care Lansing, Illinois.*

"El doctor DeJong lo ha logrado de nuevo ¡ayuda verdadera, esperanza, y sanidad para los alcohólicos y para sus seres amados! Cada página de este pequeño manual de respuestas concretas a preguntas complejas vale oro. Un acercamiento estrecho tanto bíblico como espiritual para el alcoholismo y la codependencia que no va a desilusionar".

*Profesor H. David Schuringa, Departamento de Teología Práctica, Westminster Theological Seminary, Escondido, California.*

"La impresión [dentro de la iglesia] es que los cristianos no toman. Esto es lo contrario a los hechos. El problema del alcohol y los cristianos está presente y se está volviendo más agudo. Creo que el doctor DeJong está haciendo un servicio genuino al hablar del tema.

"Yo estoy sorprendido con toda la información que contiene este libro. Valoro al doctor DeJong como un buen amigo y lo respeto como un erudito sobresaliente. También estoy consciente de su gran preocupación por aquellos que están implicados en el alcohol. Recomiendo este libro como una fuente de información general acerca del tratamiento y la naturaleza del alcoholismo [y codependencia], y también como un gran intento para dirigirse al tema en un contexto cristiano".

*W. J. Ern Baxter, Spring Valley, California.*

"El libro del doctor Alexander DeJong *Alcoholismo y codependencia,* no sólo nos provee un valioso manual que nos ayuda a entender el alcoholismo, sino que también coloca aparte las complejas actitudes y las ambigüedades que prevalecen en lo que respecta al abuso del alcohol dentro de la comunidad cristiana. Como una persona recuperada del alcohol y como ministro del evangelio, DeJong conoce el tema mucho más de lo que quisiera. En verdad tenemos que tomar muy en serio el material que nos presenta".

*Joel Notherhood, The Back of God Hour/ Faith 20, Palos Heights, Illinois*

"El libro anterior del doctor DeJong, *Help and Hope for the Alcoholic,* (Ayuda y esperanza para los alcohólicos) llenó una necesidad real de los cristianos y ha sido utilizado ampliamente. Ahora *Alcoholismo y codependencia* responde muchas de las preguntas que hacen los cristianos cuando se enfrentan con los problemas que surgen por la enfermedad del alcoholismo. El doctor DeJong escribe con un trasfondo de involucración e interés personal. Este libro será bienvenido por muchos cuyas vidas están siendo afectadas por el alcohol".

*Joyce C. DeHaan, M.D., P.C., Portage, Michigan*

"El doctor DeJong ha escogido las preguntas importantes que hacen los cristianos acerca del alcoholismo y de la codependencia, y otras enfermedades de adicción. Sus años de experiencia al investigar las respuestas a estas preguntas, y finalmente contestarlas para contextos cristianos, le permiten dar una respuesta exacta y sensible a las preguntas difíciles. Como un médico cristiano que trabaja en medicina de adicción, le doy la bienvenida a este libro para que se utilice en cualquier grupo de cristianos que están buscando una respuesta a estas preguntas tan difíciles".

*Martin Doot, M.D. vicepresidente de Servicios Médicos, Parkside Medical Service Corporation, Park Ridge, Illinois.*

# CONTENIDO

# TERCERA PARTE

## El viaje hacia la recuperación

# PREFACIO

## Preguntas que las personas hacen acerca del alcoholismo

En 1982, la casa de publicaciones Tyndale publicó mi libro *Help and Hope for the Alcoholic.* (Ayuda y esperanza para los alcohólicos.) Desde entonces, he predicado en muchas iglesias, visité instalaciones de universidades cristianas, hice sondeos y talleres en veinticinco escuelas secundarias cristianas en diferentes partes del país, y trabajé con organizaciones PTA (Asociación de Padres y Maestros). A cualquier lugar que he ido, me he encontrado a personas que hacen preguntas difíciles de contestar —preguntas que piden respuestas desde una perspectiva que honre a Cristo. Algunos inclusive hicieron sus preguntas difíciles en secreto, avergonzados de admitir que el alcoholismo existía en sus casas, sin embargo estaban desesperados por encontrar las respuestas que necesitaban.

Muchas de las respuestas de este libro provienen de estas personas que sufren. Otras vienen de miembros preocupados de las comunidades cristianas que quieren más información para ayudar a los alcohólicos y a sus familias. Las respuestas son breves; las he recopilado utilizando material desde diferentes puntos de vista. Los consejeros de las personas adictas, médicos cristianos, miembros por mucho tiempo de AA, pastores, maestros, y otros me han ayudado. Muchas de estas personas son mencionadas por su nombre como la fuente para responder la última pregunta (ver la página 169). Las respuestas en este libro son mi responsabilidad; ellas fueron forjadas en mi propia experiencia de recuperación, y sacadas de extensas lecturas y de un intercambio abierto con las personas que he conocido en mis viajes.

He escuchado preguntas que a menudo se hacen con dolor, y he descubierto alegría en el alivio que sintieron las personas que hacían preguntas mientras trabajábamos juntos para forjar las respuestas. Y aunque las respuestas que encontramos a menudo estaban incompletas y eran tentativas, eran un paso hacia adelante en el camino de la sanidad y de la pureza.

Durante once años he caminado con el Señor a través de la recuperación, y estoy agradecido de poder compartir mi experiencia. El camino no siempre fue fácil, ni estaban claramente marcadas las direcciones a seguir. Pero el nombre de Jesús le dio un significado a cada paso. Entonces, en su nombre y orando que él ministrara a través de mí, envío este manual de información básica a la congregación que El ama.

Una nota: A través de este libro he utilizado el pronombre masculino *él*. Este no implica que la mayoría de los alcohólicos sean hombres. El número de mujeres alcohólicas está aumentando a una velocidad alarmante. Así que el pronombre *él* es utilizado para referirse a un "ser humano".

Finalmente, estoy en deuda especialmente con mi esposa, cuyo amor sabio y paciente hizo apacible la recuperación, y cuyas habilidades editoriales son evidentes en el lenguaje tan brillante, en la construcción precisa de las frases y el estilo fácil que hace agradable el leer este libro.

Alexander C. DeJong

# PRIMERA PARTE

# EL ROMPECABEZAS DEL ALCOHOLISMO

### UNO: Definiendo el alcoholismo

¿Cuáles son algunas de las definiciones aceptadas del alcoholismo? ◆ ¿Cuáles son algunos de los hechos que ayudarán a entender mejor el alcoholismo y sus efectos? ◆ ¿Qué es lo que causa el alcoholismo? ◆ ¿Hay alguna descripción breve de la sicología del alcoholismo? ◆ ¿Cuáles son los tres factores que trabajan juntos para forjar las cadenas de la adicción al alcohol? ◆ ¿Cuál es el concepto de enfermedad en el alcoholismo? ◆ ¿Por qué el alcoholismo es llamado una enfermedad primaria y progresiva? ◆ ¿Se contempla de manera amplia la enfermedad del alcoholismo? ◆ ¿Hay otros puntos de vista con respecto al alcoholismo? ◆ ¿Ver el alcoholismo como una enfermedad significa que los alcohólicos no son responsables de sus acciones? ◆ ¿Cómo se comparan los síntomas del alcoholismo y los de la adicción a las drogas? ◆ ¿Es el alcoholismo algo único en su clase?

## DOS: Definiendo a un alcohólico

¿Quién es más propenso a volverse alcohólico? ◆ ¿Es el factor X bioquímico/genético la causa exclusiva del alcoholismo? ◆ ¿Es inevitable que las personas "genéticamente predispuestas" se conviertan en alcohólicas? ◆ ¿Por qué es difícil de reconocer el alcoholismo? ◆ ¿Cuál es la diferencia entre la borrachera y el alcoholismo? ◆ ¿Cómo se puede describir la borrachera? ◆ ¿Por qué los alcohólicos que están en recuperación creen que tomar una copa los puede emborrachar? ◆ ¿Qué es lo que tiene el alcoholismo que hace víctimas a las personas? ◆ ¿Por. qué el alcohólico no para de beber? ◆ ¿Experimentan todas las personas los efectos del alcohol de la misma manera? ◆ ¿Qué sucede cuando un alcohólico experimenta "la pérdida del control"?

## TRES: Determinando si alguien es alcohólico|

¿Cuáles son algunas de las señales que apuntan hacia el alcoholismo? ◆ ¿Hay alguna prueba sencilla que determine si una persona tiene problema con el alcohol? ◆ ¿Qué es la negación? ◆ ¿Cuáles son las áreas principales que son afectadas por su adicción? ◆ ¿Cómo una persona puede determinar si es que el consumo de alcohol ha afectado o no áreas específicas de su vida diaria?

## CUATRO: El alcoholismo y la iglesia

¿Por qué el uso del alcohol está confundiendo a la comunidad de la iglesia? ◆ ¿Cuáles son las dimensiones espirituales de la enfermedad? ◆ ¿Le importa a Dios si una persona toma o no? ◆ ¿Qué dice la Biblia acerca del alcohol? ◆ ¿Cuál es el punto de vista de los cristianos con respecto al alcoholismo? ◆ ¿Son menos vulnerables al alcoholismo las iglesias que demandan el abstencionismo? ◆ ¿Es necesario utilizar jugo de uva en lugar de vino fermentado en la Cena del Señor? ◆ ¿Cuáles son las dimensiones morales del alcoholismo en lo que respecta al pecado o a la enfermedad? ◆ ¿Es el alcohol un regalo de Dios? ◆ ¿Por qué puede ser poco sabio y aun lastimar el utilizar este regalo?◆ ¿Cómo puede una persona practicar la moderación ? ◆ ¿Por qué el alcohol algunas veces lleva al abuso del mismo? ◆ ¿Tienen más significado las razones para tomar que el hecho de tomar? ◆ ¿Es espiritualmente insano tomar para evitar el dolor o para enfrentar la vida? ◆ ¿Está mal moralmente hablando evitar el dolor? ◆ ¿Cuál es la mayor tragedia del alcoholismo en la comunidad cristiana?

## CINCO: Abstinencia

¿Cuándo es necesaria la abstinencia total? ◆ ¿Puede la abstinencia personal hacer una diferencia en otros? ◆ ¿Cómo la abstinencia personal se puede convertir en una maldición en lugar de ser una bendición? ◆ ¿Es la abstinencia de los padres el mejor ejemplo para los niños?

# UNO
# DEFINIENDO EL ALCOHOLISMO

**¿Cuáles son algunas de las definiciones aceptadas del alcoholismo?**

1. El alcoholismo está presente cuando hay una motivación física o una obsesión mental hacia el alcohol.

2. El alcoholismo está presente cuando la persona que toma no puede controlar más la cantidad que ingiere. Cuándo, dónde, qué y cuánto uno toma es impredecible.

3. El alcoholismo está presente cuando alguien continúa tomando aun cuando el beber puede destruir su matrimonio, arruinar su familia, puede perder su trabajo, o ponerlo en una celda. El ciclo es dolor ... bebida ... alivio temporal ... dolor ... más bebida.

**¿Cuáles son algunos de los hechos que nos ayudarán a entender mejor el alcoholismo y sus efectos?**

1. Dos de cada tres adultos toman alcohol.

2. Uno de cada siete tomadores se vuelven alcohólicos.

3. Sólo diez por ciento de los que toman consumen cincuenta por ciento de la cerveza, vino, y licores del país.

4. En los Estados Unidos, el sur y el oeste tienen la mayoría de abstemios.

5. Cuarenta por ciento de los niños en sexto grado han probado vino.

6. A la edad de trece años, un niño habrá visto 100.000 comerciales de cerveza en la TV. La industria del alcohol gasta billones de dólares promocionando las bebidas alcohólicas.

7. Dos de cada tres jóvenes en el último año de secundaria han consumido alcohol en el último mes. Cinco por ciento bebe diariamente.

8. El alcohol cobra aproximadamente 100.000 vidas al año, veinticuatro veces más que todas las drogas ilegales combinadas.

9. El alcohol es uno de los factores que causa casi la mitad de los asesinatos, suicidios, y muertes accidentales.

10. El alcohol es responsable de más muertes y daño social que la mayoría de las demás drogas que son ilegales en este país.

11. Parece que nuestra sociedad estimula al uso químico de todo tipo, pero cuando tal uso se convierte en un problema, se le trata como una vergonzosa desgracia.

12. El alcoholismo y el abuso del alcohol le cuesta a la sociedad americana cerca de $107.000 millones al año: $18.000 millones por nacimientos prematuros, $66.000 millones por reducirse el esfuerzo de trabajo, $13.000 millones por tratamientos.

### ¿Qué es lo que causa el alcoholismo?

Nadie lo sabe con seguridad. Las causas del alcoholismo se discuten bastante. Hay, sin embargo, una evidencia clínica creciente que sugiere que los alcohólicos procesan de una manera diferente el alcohol que los bebedores no alcohólicos. Parece que hay un factor X, un factor interno bioquímico genético, el cual predispone a muchos de los que beben, y a otros no, para que se vuelvan alcohólicos.

Considere lo siguiente: en el tejido del cerebro de los enfermos de alcoholismo, los investigadores han descubierto un químico llamado "tetra-hydroiso-quinoline", que se abrevia como "TIQ" o "THIQ". Esta sustancia bastante adictiva no se encontraba en los cerebros de los enfermos no alcohólicos.

En investigaciones adicionales hechas en ratones, los investigadores encontraron una especie de ratas "con tendencia a una abstinencia total", que escogían morir de sed que beber agua impregnada con alcohol. Cuando estas ratas fueron inyectadas con una dosis de THIQ, empezaron a tomar alcohol. En efecto, ratas inyectadas con dosis altas de THIQ invariablemente se emborracharon. Experimentos similares se practicaron en monos con los mismos resultados.

### ¿Hay alguna descripción breve de la sicología del alcoholismo?

Como se discutió previamente, la forma en que trabaja exactamente el factor X es un acertijo. Investigadores tales como el doctor C. Lieber en el Hospital de Administración de Veteranos del Bronx, el doctor M. Schukit en la Escuela de Medicina de la Universidad de San Diego, y muchos otros han hecho investigaciones de la manera en que los alcohólicos y los no alcohólicos procesan el *acetaldehyde* (una variación tóxica del alcohol) en sus cuerpos. Esta investigación muestra que los alcohólicos eliminan esta toxina a la mitad de la velocidad de los que nos son alcohólicos.

La edición del 18 de abril de 1990 de JAMA, *The Journal the American Medical Asociation,* contiene un emocionante reporte acerca de los descubrimientos de los genes. Los investigadores al reportar han encontrado una unión entre el alcoholismo y la presencia de un gene receptor de "dopamine". El "dopamine" es un neurotransmisor en el cerebro que se asocia con los comportamientos de la búsqueda del placer. La gente toma alcohol por que las hace sentirse bien. Así que al encontrar una relación genética entre los sentimientos del placer y el beber alcohol le da más peso a la teoría de que algunas personas están más "predispuestas" a convertirse en alcohólicas.

Millones de dólares se están gastando para diseñar un aparato que pruebe la presencia de esta disposición genética. Cualquiera que sean los hallazgos de esta investigación, parece que está claro de que hay una relación entre la forma genética y ciertas clases de alcoholismo.

Sin embargo, aun cuando las investigaciones nos están dando mejores bases de comprensión, los líderes cristianos, los clérigos, y los consejeros pastorales deben mantener en mente que ningún concepto ni teoría con respecto al alcoholismo y a sus efectos ha sido probada como absoluta. Así que debemos continuar evaluando la evidencia clínica a medida que las investigaciones continúan. De la misma manera, la larga tradición de ver el alcoholismo como voluntariamente pecaminoso, como algo que se encuentra solamente en la debilidad moral, y como una condición que se vence prontamente a través de la oración, debe ser reevaluada. Es cierto que tales formas de pensar no son fácilmente eliminadas o modificadas. Pero se vuelve cada vez más claro que la susceptibilidad física combinada con el consumo de alcohol pueden llevar al alcoholismo, y a una amplia variedad de problemas, sicológicos, espirituales, y físicos.

Por supuesto, la susceptibilidad al alcoholismo, aun si tiene su raíz en factores genéticos y metabólicos, no absuelve a los alcohólicos de la responsabilidad moral. Pero cuando nosotros dentro de la iglesia aprendemos a ver esta enfermedad por lo que es, va a ayudar tanto a los adictos como a sus familias para que encuentren el camino a la integridad y a una toma de decisiones que sea responsable.

### ¿Cuáles son los tres factores que trabajan juntos para forjar las cadenas de la adicción al alcohol?

Los tres factores principales en la sicología del alcohólico que difieren de la sicología del bebedor que no se convierte en un alcohólico parecen ser: (1) el tiempo que le toma al hígado para deshacerse del alcohol, (2) los químicos que se producen en el proceso metabólico, y (3) la manera en que algunos de estos químicos entran en el cerebro. (Una descripción detallada, y documentada clínicamente puede encontrarse en muchos libros que tratan con el concepto de la enfermedad del alcoholismo.)

Estas discusiones técnicas, importantes como los son, yacen fuera del enfoque de este libro. Sin embargo, la previsión de estos hechos nos ayudan a entender algo de la gravedad de la enfermedad del alcoholismo. Este descubrimiento en lo que concierne a la sicología del alcoholismo no es la respuesta completa, pero ciertamente demuestra que la causa del alcoholismo no se puede resumir ni se puede desechar con la palabra que a muchos les gustaría utilizar: pecado.

James R. Milan y Katherine Ketchman, en su libro *Under the Influence* (New York: Bantman Books, 1984), escriben: "Mientras que los factores sicológicos, culturales, y sociales definitivamente influyen en la forma de tomar de los alcohólicos y su comportamiento, no tienen ningún efecto en determinar si la persona se convierte o no en una alcohólica, en primer lugar. Las encimas alcohólicas, y la química del cerebro trabajan juntamente para crear su reacción anormal y desafortunada hacia el alcohol".

Investigaciones recientes demuestran que la predisposición genética hacia el alcoholismo, además de diez o veinte años de tomar continuamente —aun de manera moderada— son los dos factores que se identifican más comúnmente en la historia del alcohólico.

### ¿Cuál es el concepto de enfermedad en el alcoholismo?

Primero, necesitas saber que nosotros definimos una enfermedad como "alguna función anormal en una persona con causas específicas, síntomas predecibles, y una manera prescrita para su tratamiento". Muchos creen que el alcoholismo encaja en esta definición. Hay una buena posibilidad de recobrarse del alcoholismo si es que el alcohólico se abstiene completamente del alcohol. Desde este punto de vista, el alcoholismo es considerado una enfermedad *primaria*. En otras palabras, no se le considera el síntoma de un problema sicológico profundo o de un problema social. También se le considera una enfermedad *crónica*. La recuperación es posible, pero las recaídas se convierten en la sombra de los alcohólicos por toda su vida. El dejarlo puede ser permanente si el adicto lleva a cabo el programa de los AA en la presencia y con el poder de Jesucristo.

Es una enfermedad *progresiva*. Si no se le cuida, se empeora. Muchos creen que la abstención total es esencial para abandonarlo por completo y para poder recuperarse.

Es una enfermedad *tratable*. (Los métodos de tratamiento serán discutidos posteriormente.)

Es cien por ciento una enfermedad *fatal*, si se la deja sin tratar.

### ¿Por qué  el alcoholismo es llamado una enfermedad primaria y progresiva?

Cuando las personas consideran el alcoholismo una enfermedad "primaria", esto significa que el alcoholismo no es el síntoma de otro problema, tal como la presión del trabajo, una relación matrimonial deteriorada, o disturbios sicológicos. Sin embargo, es cierto que los síntomas que cubren a la enfermedad primaria pueden crecer a raíz del alcoholismo.

El alcoholismo es progresivo. Sólo empeora si no se trata. Se debe de notar que cuando el alcoholismo va en un espiral hacia abajo, puede que haya períodos de mejoría cuando parece que se está conquistando a la enfermedad. Desafortunadamente, rara vez este es el caso. En el punto de vista del alcoholismo como una enfermedad, el alcoholismo nunca se cura; solamente entra en recesión. Así que uno no puede aflojar ni dejar de estar consciente de seguir tratando con la enfermedad, aun en los períodos de recesión o durante los períodos de sobriedad. El hacer eso con más frecuencia que menos, resultará en el resurgimiento del problema.

### ¿Se contempla de manera amplia la enfermedad del alcoholismo?

Sí. Desde 1973 la Asociación Médica Americana, la Asociación de Hospitales Americanos, la Asociación Nacional de

Trabajadores Sociales, el Colegio Americano de Médicos, y otras organizaciones de salud han determinado de manera *oficial* al alcoholismo como una enfermedad.

### ¿Hay otros puntos de vista con respecto al alcoholismo?

Sí, algunos investigadores no están de acuerdo con el concepto de la enfermedad. Ven el alcoholismo más como un desorden en el comportamiento y al alcohólico como a alguien para quien el hábito de tomar bastante se ha convertido en su "actividad central", o una actividad principal que juega una parte en la identidad de una persona, en sus valores, comportamiento, y preferencias. Aquellos que tienen este punto de vista además creen que: las características físicas, personales, y sociales se combinan para predisponer a una persona para que abuse del alcohol; eventos inmediatos en la vida de una persona estimulan los episodios de beber de más y que ningún método de tratamiento puede dar resultado para todos los que abusan del alcohol. Esos investigadores apoyan "el control en beber" en lugar de la abstinencia, y creen en programas de tratamiento que son preparados de acuerdo a la personalidad de cada individuo, a las características personales y del ambiente, a los patrones de beber, y a las motivaciones para tomar. (Herebert Fingarette, *Heavy Drinking: The Myth of Alcoholism as a Disease,* [Berkeley: University of California Press, 1988], 100, 107, 114).

Sin embargo, la mayoría de los alcohólicos que están en recuperación hoy en día, en particular aquellos que han estado en tratamiento a través de AA, creen que el tomar una copa ocasionalmente en ningún momento es una opción.

### ¿Ver el alcoholismo como una enfermedad significa que los alcohólicos no son responsables de sus acciones?

¡No! Miren los Doce Pasos del programa de los AA (página 126). Considera las palabras que sugieren acción en esos doce pasos: "Admitimos" (pasos 1 y 5); "creímos" (paso 2); "Hicimos una decisión de cambiar" (paso 3); "hicimos un inventario moral (paso 4); "estuvimos completamente dispuestos" (paso

6); "humildemente preguntamos" (paso 7); "hicimos una lista" y "estuvimos dispuestos a hacer arreglos" (paso 8); "reparamos directamente" (paso 9); "seguimos tomando" (paso 10); "buscamos", "orando", "poder para llevar a cabo" (paso 11); "el llevar este mensaje" y "el practicar" (paso 12). Este programa de los doce pasos está lleno de energía. Los alcohólicos en recuperación trabajan a través de los pasos —y el énfasis recae en *trabajar*—. No pierdan la paradoja. Por un lado, el ver el alcoholismo como una enfermedad enfatiza la pasividad; no puedes elegir el tener o dejar de tener una enfermedad. Por el otro lado, la enfermedad no controla a la persona que la tiene. Así que el alcoholismo, aun cuando sea el resultado de los genes y del metabolismo, no paraliza a una persona. El aún tiene (y lo demuestra en las actividades diarias) ¡el poder de la elección! No puede controlar si es que se vuelve un alcohólico o no, pero puede escoger si es que se va a quedar siendo uno de ellos o no. Aquí, entonces, está una mezcla de actividades-pasivas que no pueden ser descritas tanto como pueden ser experimentadas —particularmente en el milagro puro de la rendición a Dios.

Piense en las palabras de Pablo en Filipenses 2:12-13: "Por tanto, amados míos, como siempre habéis obedecido, no como en mi presencia solamente, sino mucho más ahora en mi ausencia, ocupaos de vuestra salvación con temor y temblor, porque Dios es el que en vosotros produce así el querer como el hacer, por su buena voluntad". Las acciones de los alcohólicos son suyas, sin embargo ellos son el resultado de Dios trabajando en sus vidas. El amor de Dios que sana puede llevar al alcohólico de la desesperación a la recuperación, un día a la vez.

## ¿Cómo se comparan los síntomas del alcoholismo y los de la adicción a las drogas?

Observe el siguiente esquema (el cual utiliza drogas que se recetan pero puede aplicarse a las drogas en general):

| Alcoholismo | Adicción a las drogas |
|---|---|
| I. Una preocupación creciente | I. Una preocupación creciente |
| A. La anticipación de tomar. | A. Anticipación del uso de las drogas |
| 1. Beber durante las actividades diarias | 1. Llevar la cuenta del tiempo prescrito para tomar la dosis |
| 2. Beber en las vacaciones (por ejemplo, las salidas a pescar se vuelven oportunidades para tomar) | 2. Aumentan las quejas físicas y emocionales que requieren ser aliviadas a través de drogas |
| 3. Crece la integración con las actividades que se relacionan con tomar. (Por ejemplo, construyen un bar, hacen vino, frecuentan fiestas en donde hay de tomar, etcétera) | |
| II. Aumenta la rigidez en el estilo de vida | II. Aumenta la rigidez en el estilo de vida |
| A. Tiempos específicos para tomar durante el día | A. Tiempos específicos para utilizar la droga durante el día |
| B. Las reglas autoimpuestas empiezan a cambiar | B. No puede ir a ningún lugar sin una dosis de drogas |
| C. No tolerará interferencias con la hora de tomar | C. No tolerará intentos de limitar o cambiar las horas del uso de las drogas |
| D. Limita las actividades sociales a aquellas que conllevan tomar bebidas alcohólicas. | |

III. Tolerancia creciente

A. El síndrome de "la pata de palo" —la habilidad de tomar grandes cantidades de alcohol sin efectos visibles

B. Ingenuidad con respecto a tomar sin que los demás lo sepan

1. Ordena bebidas fuertes (Por ejemplo, bebidas "dobles")

2. Se autoseñala como persona a cargo del bar en reuniones sociales

3 Consume bebidas alcohólicas furtivamente

4. Toma antes de las reuniones sociales

5. Compra licor en grandes cantidades (botellas de 2 litros, cajas de licor)

6. Protege las reservas escondiendo las botellas en la casa, en el auto, en el trabajo etcétera

IV. Pérdida del control

A. Aumenta la pérdida de la memoria

B. Bebe sin planearlo o bebe grandes cantidades

C. Bebe para celebrar

D. Bebe por las mañanas

III. Tolerancia creciente

A. Necesidad de aumentar la dosis o el número de diferentes drogas para obtener efectos benéficos

B. Ingenuidad al obtener drogas sin que otros estén conscientes

1. Visita diferentes médicos y dentistas para que le dé recetas

2. Intenta obtener recetas que puedan volver a suplirse

3. Compra en varias farmacias.

4. Utiliza la combinación de diferentes drogas para tener el mismo efecto sinergético (por ejemplo, barbitúricos y bebidas alcohólicas)

5. Utilizando la droga por más tiempo del recetado

6. Protege las reservas escondiéndolas

IV. Pérdida del control

A. Aumentos de pérdida de la memoria y distorsiones en la misma.

B. Mayores y más frecuentes dosis de lo que indica la receta

C. Utiliza las recetas a nombre de otros

V. Repetidas consecuencias que lastiman como resultado del alcoholismo

A. Familia

1. Rompe la promesa de aminorar el consumo de alcohol

2. Beber en actividades familiares (festividades, cumpleaños)

3. Sacrifica las necesidades de la familia para comprar alcohol

4. Peleas físicas o argumentos acerca de uso del alcohol

5. Amenazas de divorcio

B. Legal

1. Violaciones de tránsito, arrestos por conducir intoxicado

2. Conducta desordenada de un borracho

3. Juicios como resultado de sus acciones

4. Procedimientos de divorcio

C. Social

1. Pérdida de las amistades

V. Repetidas consecuencias que lastiman como resultado del uso de las drogas

A. Familia

1. Frecuentes pérdidas de memoria las cuales llevan a romper las promesas hechas

2. Comportamiento inapropiado durante las actividades familiares (días festivos, cumpleaños)

3. Sacrifican las necesidades familiares para poder obtener drogas

4. Cambian las obligaciones familiares debido a la incapacidad física, se pasan más tiempo durmiendo, falta de motivación y de empuje

5. Cambio de carácter debido a las drogas creando inseguridad y sospechas en los miembros de la familia

B. Legal

1. Comprar o vender drogas ilegales

2. Conducta desordenada

3. Juicios y litigios como resultado de sus acciones

4. Procedimientos de divorcio.

C. Social

1. Pérdida de amistades

2. Se desprecian los *hobbies*, los intereses, las actividades de la comunidad

D. Ocupacional
1. Ausentismo
2. Pérdida de promociones debido al bajo funcionamiento
3. Amenazas de ser despedido

4. Pérdida del trabajo

E. Físicas
1. Varias hospitalizaciones
2. Consejo médico: "Deja de tomar"

3. Uso del alcohol como medicamento para reducir la tensión, o para quedarse dormido

F. Una defensiva creciente
1. Respuestas vagas y evasivas.
2. Respuestas inapropiadas a las consecuencias de la bebida.
3. Evita las discusiones acerca del beber,

2. Aficiones, intereses, y actividades comunitarias despreciadas

D. Ocupacional
1. Ausentismo
2. Pérdida de promociones debido al bajo funcionamiento
3. Removido de posición debido a un comportamiento inadecuado

4. Pérdida de trabajo

E. Físicas
1. Varias hospitalizaciones
2. Se incrementa el número de quejas físicas y emocionales
3. Deterioro debido al uso de sustancias químicas

F. Una defensiva creciente
1. Respuestas vagas y evasivas
2. Respuestas inapropiadas como consecuencia del uso de las drogas
3. Evita las discusiones acerca del uso de las drogas

## ¿Es el alcoholismo algo único en su clase?

El alcoholismo es, en alguna forma, algo único. No es nada parecido como tener un cáncer o estar resfriado. Esta compleja enfermedad posee cinco áreas que se juntan y se entrelazan y "no dejan en paz" o lo hacen a uno funcionar mal. Lo *espiritual (religioso), lo intelectual, lo social, y los aspectos físicos* de la vida de una persona se enciman unos sobre otros y se mezclan. Cada área es afectada, o "se enferma" de manera diferente. Probablemente es más correcto el hablar de "alcoholismos" más bien que hablar de alcoholismo en general.

DEFENDIENDO A UN ALCOHÓLICO

¿Quién es más propenso a volverse alcohólico?

# DOS
# DEFINIENDO A UN ALCOHOLICO

### ¿Quién es más propenso a volverse alcohólico?

¡Esta pregunta es de extrema importancia! Basándose en la evidencia de las estadísticas, las personas que pertenecen a ciertos grupos es más probable que se vuelvan alcohólicos que los de otros grupos. Estudia esta lista con cuidado. Si perteneces a una o más de estas categorías, debes estar consciente de que tienes un gran riesgo de adquirir la enfermedad del alcoholismo.

### Los grupos con alto riego son:

1. *Aquellos cuyos padres o abuelos fueron alcohólicos,* o cuyos parientes sanguíneos hayan sufrido de alcoholismo.

2. *Aquellos que viven en ciudades grandes, en particular en las áreas de pobreza con bajos recursos económicos.* La pobreza, la baja autoestima, la falta de esperanza, los resentimientos, la discriminación, y la apatía pueden crear un deseo de escaparse mediante la vía del alcoholismo. También, los altos índices de abuso en las familias a menudo ocurren dentro de estas situaciones, así como los índices altos de

crimen y de suicidios. Estas tragedias empujan a muchos para que utilicen "la ruta de escape" del alcohol y de las drogas.

3. *Los adolescentes* pertenecen a este grupo de alto riesgo porque ellos están aún en el proceso de madurar física, emocional, y espiritualmente. Desafortunadamente el crecimiento emocional y espiritual durante la adolescencia están seriamente paralizados por el uso regular del alcohol y aun hasta del casual.

4. *Aquellos que experimentan un trauma severo,* como la muerte de un ser querido, pérdidas financieras, la pérdida del empleo o de una posición, o preocupación por la muerte. Las personas que están en estas circunstancias a menudo utilizan el alcohol para apaciguar el dolor de la conciencia. Cuando alguien utiliza el alcohol de esta manera, se coloca en un riesgo todavía mayor. Parece como si el alcohol diera resultado; nada se ve tan mal después de consumir un trago o dos. Las personas a menudo recurren a esta salida de escape que parece tan efectiva.

5. *Aquellas personas retiradas y que ya están ancianas* a menudo experimentan soledad, horas vacías, problemas físicos, se les va acabando la esperanza, se aburren, se sienten rechazados, y desilusionados. Para muchos dentro de nuestra sociedad, la vejez ofrece poca alegría. Para cubrir el dolor y combatir el aburrimiento, algunas personas de avanzada edad toman alcohol, a menudo combinado con drogas recetadas. Tal uso, inevitablemente trae la desesperación y el alcoholismo.

6. *Los americanos indígenas* tienen una gran inclinación a la dependencia química. Una causa puede ser la falta de esperanza que a menudo parece radicarse sobre estos grupos como si fuera una nube cargada.

### ¿Es el factor X bioquímico/genético la causa exclusiva del alcoholismo?

Algunos expertos dicen que sí. Otros en el campo de la adicción afirman que el abuso constante de la bebida invariablemente resulta en una dependencia *sicológica,* aun sin el factor genético X.

Los especialistas en adicción no están de acuerdo en las causas del alcoholismo. Sin embargo, hay un acuerdo universal de que la enfermedad requiere un tratamiento sin ninguna demora. Los largos argumentos acerca de las causas del alcoholismo pueden resultar nada productivos y proveer una excusa para no hacer nada.

### ¿Es inevitable que las personas "genéticamente predispuestas" se conviertan en alcohólicas?

No. A la luz de los hechos de que cada uno de diez tomadores se convierte en alcohólico, debemos notar tres cosas:

1. Consumo regular de alcohol —aun en pequeñas cantidades— puede animar al alcoholismo.
2. Aunque hay excepciones, las personas que utilizan el alcohol de manera no frecuente probablemente no se volverán alcohólicos.
3. De diez a veinte años tomando con moderación generalmente traerá como resultado en la persona, predisposición genética que cruza la línea hacia el alcoholismo.

¡Fíjese bien! El beber con moderación, no necesariamente abusando de la bebida, puede progresar y convertirse en alcoholismo. Muchos asumen que sólo el beber demasiado causa el alcoholismo. Esto no siempre es la verdad. El bebedor moderado puede (y a menudo lo hace) ir a través de un cambio en su consumo de alcohol sin darse cuenta de qué está sucediendo. La predisposición genética junto con el tomar regularmente de una manera moderada a menudo da como resultado el alcoholismo.

### ¿Por qué es difícil de reconocer el alcoholismo?

La palabra clave para reconocer el alcoholismo es "control". Cerca del noventa y cinco por ciento de los alcohólicos en nuestra sociedad saben sobrellevarlo y parece que funcionan normalmente. Algunas veces el alcohólico es capaz de controlar lo que toma; en otras ocasiones su consumo es incontrolable. Sin embargo, su vida está atada a la bebida. ¡Y cualquier cosa puede suceder!

La mayoría de las veces el alcohólico que sabe controlar el uso, mantiene su nivel de etanol en la sangre lo suficientemente alto para sentirse bien personalmente. Utiliza una máscara de bienestar, de sobriedad, y de una vida espiritual normal. Sólo aquellos que están cerca de él conocen la amargura de sus ataduras.

### ¿Cual es la diferencia entre la borrachera y el alcoholismo?

A menudo se confunden estos dos términos, y aun equivocadamente se consideran sinónimos. *La borrachera* se la impone uno mismo, y uno decide llevarla a cabo. Las personas embriagadas a menudo tienen que conducir su auto cuando se encuentran en estas condiciones, esto moralmente es deshonesto e irresponsable. Un borracho con una "resaca" a menudo está lleno de remordimientos.

Los alcohólicos actúan de manera diferente. A menudo muchos de ellos pasan inadvertidos cuando están intoxicados. Puede ser que tengan éxito en sus trabajos, y no se les reconoce como alcohólicos. Otros beben para encontrar el anonimato; tratan de escapar de una vida que se ha vuelto difícil e insoportable. En algún momento, el poder de la voluntad y la libertad sucumben a las ataduras de la adicción.

*Motivación interna, necesidad y complejo de víctima* a menudo son las palabras clave para comprender el alcoholismo. Para estar seguros, nadie fuerza al alcohólico para que tome la primera copa. Es su elección, generada por lo que es (para él) un poder interno, una necesidad irresistible, o un deseo irracional. Cuando este deseo se vuelve lo suficientemente fuerte, el alcohólico está fuera de control. Esto significa que no puede controlar *cuánto o cuándo* es que él va a tomar. Algunas veces no toma hasta intoxicarse: otras veces sí lo hace. Algunas veces sale del trabajo y viene directamente a casa del trabajo; otras veces no. Ya no es capaz de tomar decisiones normales. Lo impredecible y la fantasía son los que reinan en su vida.

El borracho, entonces, escoge libremente tomar. El alcohólico es impulsado a tomar por sus motivaciones compulsivas.

Aunque pueden, en lo exterior, parece que viven el mismo estilo de vida, eso no es cierto. Así que hay una gran diferencia entre ambos.

## ¿Cómo se puede describir la borrachera?

La borrachera se puede describir mejor por sus señales: por su manera de hablar, pérdida del control, falta de habilidad para caminar en línea recta, conversación en voz alta, comportamiento orgulloso, repetición de palabras ofensivas, náuseas que terminan en vómitos, desmayos, levantándose con una "resaca". La lista es bien conocida. Estos indicadores a menudo se agrupan en las actividades que la Biblia llama "rebeldía, desórdenes, orgías, e inmoralidades".

## ¿Por qué los alcohólicos que están en recuperación creen que tomar una copa los puede emborrachar?

Un alcohólico que se está recuperando sabe que la primera copa le llevará a la borrachera. Su cuerpo reacciona de una manera diferente al de uno que no es alcohólico. Para el alcohólico, una copa estimula un proceso químico que lo lleva a la adicción de tomar. Así que, para el alcohólico una copa es demasiado —¡y cien copas no son suficiente!

## ¿Qué es lo que tiene el alcoholismo que hace víctimas a las personas?

Típicamente, el alcoholismo se desarrolla gradualmente, en un período largo de tiempo, sin el conocimiento consciente de la persona que toma. A menudo está bien establecido antes que su presencia sea evidente. Así que sin saber qué es lo que sucede, el tomador ha entrado en el mundo de la ilusión. Y la ilusión genera la negación. Finalmente a la ignorancia se le une una poderosa vergüenza, la cual también crea una pared de negación con aquellos que viven con el alcohólico. ("¡No le está sucediendo eso! Después de todo, él es un anciano de la iglesia. Está en la mesa directiva de la escuela cristiana. Lee su Biblia todos los días. Ha hecho tanto bien por la comunidad", etcétera.)

De repente, el ciclo está en su fuerza plena, y muy frecuentemente nadie está consciente de ello.

Las maneras escondidas en que los alcohólicos hacen las cosas los paraliza diariamente a ellos y a aquellos que viven cerca de ellos. Todos aquellos que están involucrados de alguna manera se rehúsan a admitir la realidad de lo que está aconteciendo delante de sus propios ojos. Se adopta la negación porque el comportamiento del alcohólico no es constante. Puede haber períodos, aun períodos largos, de sobriedad. Durante estos tiempos relativamente tranquilos, el alcohólico y su familia sienten que es mejor olvidar los episodios del abuso de la bebida. ("Fue sólo una mala racha. El estaba molesto por algo. Seguro que ahora ya sabe limitar lo que toma, a una o dos copas. ¡No volverá a suceder! Gracias a Dios, que todo ha quedado atrás".)

Desafortunadamente, no ha quedado atrás. El alcoholismo no se aleja así de fácil. Un día, sin razones aparentes, y aparentemente sin una provocación externa, el alcohólico pierde su control. Aunque generalmente, esto sucede cuando el alcohólico fracasa en aceptar su falta de poder sobre el alcohol, y en consecuencia pierde el control. Las esperanzas tan frágiles son aplastadas. Culpa, ira, rabia, amargura, orgullo, confusión, y un gran número de otras emociones y consecuencias dañinas salen a la superficie con más intensidad que nunca antes. Y la familia está en serios aprietos.

### ¿Por qué el alcohólico no para de tomar?

Comúnmente hay un mal entendido entre los alcohólicos; honestamente creen que la razón para sentirse desanimados o deprimidos no guarda relación alguna con su consumo abusivo de alcohol. Un alcohólico ve a su esposa, a sus hijos, a su trabajo, a sus finanzas, a la suerte, o a lo que sea como la razón de su depresión, de sus infortunios, o de sus deficiencias. Ante los ojos del alcohólico, él simplemente utiliza el alcohol para lidiar con sus problemas o para alejarse de ellos.

El alcohólico rara vez recuerda que el alcohol es un depresivo y que por lo tanto el alcohol es en gran parte la razón por la cual él se siente deprimido. Es cierto que tomar lo va a animar por un rato, pero cuando el alcohol desaparece estará más deprimido que nunca. También, el abuso del alcohol crea una serie de cuentos: "Necesito una copa para relajarme, para calmar la tensión, para poder dormir bien". Los alcohólicos en recuperación saben por sus amargas experiencias que, lejos de resolver sus problemas, el uso del alcohol trae más dolor que consuelo.

### ¿Experimentan todas las personas los efectos del alcohol de la misma manera?

No. Algunas personas tienen reacciones tóxicas a cantidades pequeñas de alcohol. Después de una o dos copas, pueden experimentar náuseas, calor, dolores de cabeza, o una combinación de estas reacciones. Estas personas raramente hacen el intento de tomar.

La mayoría de las personas, experimentan un efecto agradable. Esto varía de "es bueno de vez en cuando", a "me siento tremendamente bien". Para algunos, la euforia generada por el alcohol es tan agradable que buscan esa experiencia regularmente. Este es el momento cuando probablemente una persona se puede volver compulsiva, y después desarrollar una adicción al alcohol.

### ¿Qué sucede cuando un alcohólico experimenta "la pérdida del control"?

La mayoría de las veces, un alcohólico puede tomarse una o dos copas y decidir no tomar más. Otras veces, sin embargo, él toma sin control. El deseo poderosos puede explotar dentro de él como un relámpago. La normalidad es reemplazada por el descontrol. El alcohólico mismo no tiene idea de por qué le sucede esto. Este comportamiento erróneo golpea a sus amistades y a su familia. Se detiene, empieza, se controla, pierde el control, se abstiene por semanas, se emborracha durante varios días. En pocas palabras, no hay un patrón. Tiene los cabos sueltos, y vive con una pena y un enredo imprevisibles.

# TRES
# DETERMINANDO SI ALGUIEN ES ALCOHOLICO

**¿Cuáles son algunas de las señales que apuntan hacia el alcoholismo?**

Aunque las listas para corroborar no son completamente absolutas, a continuación relacionamos algunas cosas que se pueden considerar.

1. *Una gran tolerancia.* Una persona que es capaz de tomar más que los demás sin demostrar los efectos. Se dice que tiene aguante para el alcohol, que puede ganarle a cualquiera de sus amigos.

2. *Preocupación con el licor.* Esta persona parece pensar muy poco en otras cosas y mucho en su próxima copa. Anticipa el tomar una copa a la hora del almuerzo. Pasar un buen tiempo significa que hay que tomar alcohol. Una fiesta sin alcohol es aburrida, como si algo esencial hiciera falta. Para él, el alcohol es algo extremadamente importante en cada ocasión social.

3. *Se atragantan con las primeras copas.* Los alcohólicos quieren los sentimientos agradables de una manera rápida. Los cocteles, cerveza, o vino no se utilizan incidentalmente, como lo podría ser una Coca-Cola. En lugar de eso, el alcohol

se utiliza para traer un relajamiento rápido y para la euforia. Este tomador a menudo se fortalecerá con un par de copas rápidas antes de irse a la cena o a la fiesta.

4. *Sentimientos de culpabilidad a causa de la bebida.* Los modales normales de la persona con respecto a la moderación sufren un cambio. Muy vagamente siente que sus razones para tomar hayan cambiado; su necesidad de alcohol es demasiado persistente para el consuelo. Los sentimientos cristianos son opacados. Los resentimientos internos son mayores. El piensa, "Debería parar".

5. *Pérdida de la memoria.* Esto no significa que la persona que toma se haya desmayado. Significa que la mañana después de tomar sólo recuerda cosas parciales de los eventos de la noche anterior. El comportamiento que no puede recordar le pudo haber parecido normal a los demás en esos momentos. El tomador, sin embargo, ha experimentado una amnesia química.

6. *Discusiones resentidas acerca del consumo personal del alcohol.* A las personas en las primeras etapas del alcoholismo no les gusta hablar de la cantidad que beben. Este temor a las discusiones intensifican la necesidad inconsciente de la negación. Para ellos, ¡no hay ningún problema! Cualquier discusión seria de patrones de beber le van a hacer que busque excusas, proyección, y aun un humor sarcástico. No hay una evaluación honesta de la cuestión.

7. *Utilizando el alcohol como un tranquilizador para relajarse.* El alcohol se convierte en la herramienta favorita para aliviar la tensión, ansiedad, y otros malestares. Generalmente es útil pues no se necesitan recetas médicas para utilizarlo, y porque es efectivo en una base temporal.

8. *Se mejoran los logros mientras se toma.* Otra señal son las personas a las que se les hace muy fácil el socializar, hacer más de prisa las cosas en el trabajo, soportar la tensión sin mayor malestar, y aun estar mejor físicamente mientras se está tomando. Tales personas es muy probable que ya sean alcohólicos.

9. *Tomar sin premeditación.* Una persona que se detiene sólo para tomarse una copa o dos, y no termina sino hasta que ha tomado varias más. Siempre toma más de lo que cree que debería tomar. Su consumo de alcohol es diferente de lo que él quisiera que fuera.

10. *El alejarse a medias.* Las personas que experimentan cosas tales como temblor de las manos, irritaciones estomacales, y algunas veces sudor en abundancia.

11. *El beber por la mañana.* Una persona que toma durante la mañana para aliviar los síntomas de la "resaca".

Si está preocupado de alguna manera a causa de su forma de consumir alcohol o de alguien a quien conoce, considere las señales anteriores muy seriamente. Pueden ser advertencias efectivas de que el alcoholismo está presente.

**¿Hay alguna prueba sencilla que determine si una persona tiene problema con el alcohol?**

Sí. Las siguientes preguntas son utilizadas por Johns Hopkins University Hospital, Baltimore, Maryland, para determinar si el paciente es un tomador con problemas. Fueron desarrolladas por el doctor Robert V. Seliger.

Responda sí o no a las siguientes preguntas:

1. ¿Pierde tiempo en su trabajo debido a la bebida?
2. ¿Es infeliz en el hogar a causa de la bebida?
3. ¿El tomar está afectando su reputación?
4. ¿Ha sentido remordimientos después de tomar?
5. ¿Se ha metido en dificultades financieras por causa de la bebida?
6. ¿Se va a un nivel inferior y con amigos de menor clase cuando está tomando?
7. ¿El tomar hace que no le importe el bienestar de su familia?
8. ¿Han disminuido sus ambiciones desde que empezó a tomar?
9. ¿Desea tomar una copa a una hora determinada del día?

10. ¿Le apetece una bebida la mañana siguiente?
11. ¿Tiene dificultades para dormir a causa de la bebida?
12. ¿Ha bajado su eficiencia desde que empezó a tomar?
13. Está afectando la bebida su trabajo o su negocio?
14. ¿Toma para escaparse de las preocupaciones o de los problemas?
15. ¿Toma cuando está solo?
16. ¿Ha perdido la memoria completamente alguna vez a causa de la bebida?
17. ¿Alguna vez le ha tratado un médico a causa de la bebida?
18. ¿Toma para mejorar la confianza en usted mismo?
19. ¿Ha estado en el hospital o en una institución a causa de la bebida?

Si ha respondido que *sí* a cualquiera de las preguntas anteriores, hay posibilidades de que tenga un problema con la bebida.

Si ha respondido que *sí* a dos de cualquiera de las preguntas anteriores, las probabilidades son bastantes de que sea un tomador con problemas.

Si ha respondido sí a *tres o más* preguntas, definitivamente es un tomador con problemas.

## ¿Qué es la negación?

La negación es todo el esfuerzo del alcohólico para evitar tener que enfrentar su problema o su dolor. La negación se parece a una mentira deliberada, pero no lo es. Es mucho más compleja y engañosa que una mentira. La negación es un sistema de defensa que el alcohólico ha construido para tratar con su dolor, vergüenza, culpa, baja autoestima, soledad, impotencia, y los muchos otros efectos desastrosos que son una plaga en su vida como resultado del abuso del alcohol.

Hay varias cosas comunes en las personas que se están negando:

El *alega:* "No tomé tanto, tenía malestares estomacales. Por eso es que tenía náuseas".

El *culpa:* "Si tuviera una esposa mejor [o hijos más disciplinados, o un jefe más comprensivo], no tomaría. La vida es difícil".

El *amenaza*: "Deja de molestarme o mañana llegaré aún más tarde, y dejaré la cena esperando.

El *halaga:* "Mira amor, vamos a salir nada más nosotros, y deja que una vez los niños se cuiden por sí mismos. Te mereces un descanso".

El *ostenta:* "Espera hasta que veas el reporte de ventas del mes. Estoy por delante de todos los demás y probablemente obtendré mi cuarto diamante. Y tendremos vacaciones para dos en Hawai".

El *distrae*: "Vamos a involucrarnos en los programas de la iglesia. Quizás podamos volver a capturar un amor vital para nuestro matrimonio. Estoy listo. ¿Vas conmigo?

El *evita:* "No hablemos de eso ahora, ¿Okey? Voy a tratar de mejorar".

La negación tiene muchas faces y muchos propósitos. Compra el tiempo, calla a los que lo acusan, y (lo más importante) ayuda al alcohólico a anestesiar su profundo dolor. La *negación* es el síntoma más profundo de la enfermedad del alcohólico.

## ¿Cuáles son las principales áreas afectadas por su adicción?

El cuerpo, la mente, la voluntad, las emociones, y el alma son afectadas. Recuerden, cada persona es única y cada vida se tuerce de una manera particular. Pero las siguientes áreas son las más comúnmente afectadas.

1. *El cuerpo:* La persona adicta experimenta definitivos síntomas de alejamiento. A menudo se desprecia la buena nutrición. Daña el hígado, el corazón, el sistema vascular y otros órganos del cuerpo.

2. *La mente:* La preocupación con el alcohol se vuelve obsesiva. Los procesos mentales, opacados al principio, pueden quedar permanentemente dañados. Tales cosas como la pérdida de memoria (en particular la memoria inmediata),

lapsos en donde disminuye la atención, y la inhabilidad de concentrarse son los síntomas comunes.

3. *La voluntad:* Las habilidades normales para tomar decisiones son debilitadas. Inseguridad, vacilación, y falta de convicción deterioran la voluntad.

4. *Las emociones:* Cambios de humor (yendo de la alegría a la depresión) crean una montaña rusa emocional. Planes grandiosos después de la tercera o cuarta copa se verán como "ideas tontas" cuando se consideren en el gris amanecer de la "resaca", entonces, también, los alcohólicos proyectarán su culpa hacia otros. Está lleno de emociones conflictivas: auto-compasión y vergüenza; ira y remordimientos; resentimientos y lamentos. Las familias son completamente confundidas por "Doctor Jekill y Señor Hyde"[1] con quienes deben contender. Nada con respecto a él tiene sentido. No pueden contar con él para que haya estabilidad o un juicio sano. El se pone irritable, infeliz, impaciente, e imposible de complacer.

5. *El alma:* Los desórdenes espirituales distorsionan los principios religiosos y morales. La conciencia de un alcohólico pierde la sensibilidad al principio de la vida como tomador. La sensibilidad espiritual que una vez pudo haber sido brillante es opacada cada vez más fácilmente. La "erosión" espiritual ocurre en la etapa temprana de la enfermedad, de la misma manera que las anormalidades físicas aparecen más tarde.

### ¿Cómo una persona puede determinar si la bebida ha afectado o no áreas específicas de su vida diaria?

Los problemas relacionados con la bebida no son tan fáciles de ser observados cuando se examina la vida personal de uno. Como una prueba adicional, responda sinceramente

---

1 Obra de ficción que trata sobre la dualidad contradictoria en la personalidad de uno de sus personajes.

a las siguientes preguntas las cuales están agrupadas por áreas específicas.

1. *Matrimonial:* ¿Cree su esposa que toma demasiado? ¿Está ella completamente opuesta a que beba? ¿ Le ha amenazado alguna vez su esposa con dejarlo por causa de la bebida?

2. *Económica:* ¿Bebe algunas veces aunque sabe que no puede pagar? ¿Está utilizando el dinero para el alcohol mientras que otras necesidades familiares y personales son puestas a un lado porque no puede pagar por ellas?

3. *Industrial:* ¿Ha perdido alguna vez un empleo por causa de la bebida? ¿Ha faltado alguna vez al trabajo por causa de una "parranda"? ¿Ha sido alguna vez amenazado de ser despedido por causa de la bebida?

4. *Física:* ¿Alguna vez le ha dicho el doctor que tiene que beber menos? ¿Ha estado hospitalizado alguna vez o ha tenido complicaciones por causa de la bebida?

5. *Social:* ¿Prefiere asociarse con personas que beben en lugar de estar con aquellos que no lo hacen? ¿Hace algunas cosas cuando está tomado de las cuales se arrepiente después? ¿Se ha convertido el beber en algo que consume su tiempo hasta el punto de que ahora desprecia sus aficiones y los intereses que tenía antes?

6. *Espiritual:* ¿Ha disminuido su integración con la iglesia? ¿Se está alejando de los grupos de oración? ¿Se está deteriorando su tiempo devocional o de meditación? ¿Cree que a Dios le gusta la manera en que toma?

# CUATRO
# EL ALCOHOLISMO Y
# LA IGLESIA

## ¿Por qué el uso del alcohol está confundiendo a la comunidad de la iglesia?

La amplia variedad de los tipos de tomadores y las actitudes hacia la bebida están representadas dentro de las iglesias. Algunos beben cerveza, vino, o cocteles de manera prudente. Otros beben diaria y fuertemente y llaman a esta indulgencia "beber socialmente". Tal exceso es común en muchos grupos cristianos. La libertad cristiana se ha convertido en una licencia sin cura. A aquellos que son alcohólicos rara vez se les ve notablemente tomados. Muchos de aquellos que regularmente no toman van a fiestas en donde se toma sin razones aparentes.

El encontrar un camino claro a través de esta maraña es difícil. Al juzgar esta situación, ¡algunos gritan *pecado*! ¡Otros gritan *enfermos*! Los expertos tienen opiniones contradictorias acerca de las causas del alcoholismo. Debido a que el pensar en serio cuesta trabajo, muchos cristianos ignoran el problema, guardan la esperanza de que los pase por alto a ellos. Otros se apoyan en las soluciones ofrecidas en sermones bíblicos sobre temas como "el demonio del ron".

Por lo tanto, como existen dentro de las comunidades cristianas muchos estilos de tomadores así como de actitudes hacia la bebida, hay mucha confusión e inseguridad con respecto al uso del alcohol.

## ¿Cuáles son las dimensiones espirituales de la enfermedad?

Las personas están desesperadas por tener respuestas y seguridad en muchas áreas diferentes de sus vidas. Muchos están buscando fervientemente una espiritualidad que signifique algo para ellos, sin embargo son incapaces de encontrarla. Por lo tanto hay un sentimiento continuo de vacío, o como de algo vital que hace falta en sus vidas —un vacío interno que conduce a la desesperanza. Se sienten incapaces, inútiles para encontrar respuestas que den resultado y que satisfagan los problemas espirituales. Hay una falta de significado en sus vidas y en sus relaciones. Su mundo personal parece estar fuera de control. Se mueven de un patrón de adicción a otro. Necesitan y quieren una identidad espiritual, una personalidad que descanse complacida en el amor de Dios.

Este aspecto espiritual de una persona es la base de los otros aspectos. Puede ser una fuerza unida que responda más y más preguntas de las otras áreas de la vida. Cuando las cuestiones de una persona son resueltas en lo que respecta a su espiritualidad, cuando es suplida la necesidad que todas las personas sienten por una identidad espiritual, las otras áreas de la vida toman una nueva perspectiva. Al avivar la paz interna, los sentimientos de desesperanza se tranquilizan. Esto sólo sucede cuando a una persona se le regala por medio de la gracia una identidad espiritual en Dios a través de Jesucristo. Mientras que uno no se rinda a Jesucristo, la búsqueda continúa, y la persona se enreda a sí misma en los intentos infructuosos para satisfacer el hambre interna a través del trabajo, alcohol, drogas, sexo, poder, dinero ... todos son substitutos que no dan resultado para suplir una relación con Dios.

## ¿Le importa a Dios si una persona es adicta o no al alcohol?

Sí. La Biblia dice: "Si, pues, coméis o bebéis, o hacéis otra cosa, hacedlo todo para la gloria de Dios" (1 Corintios 10:31). Cada emparedado que se come y cada coctel que se disfruta se relaciona con las reglas de Dios. Cada una de las cosas que hacemos es tomada seriamente por Dios. El honor de Dios, su reputación, están envueltos en nuestras decisiones diarias en lo que respecta a comer y a beber. No todas las acciones personales son de igual importancia ante los ojos de Dios, pero nada deja de ser importante.

## ¿Qué dice la Biblia acerca del alcohol?

Hay cuatro palabras hebreas que la Biblia utiliza para referirse al vino. Son traducidas como: *yayin, tirosh, asis, y shekar.* Estas palabras describen a un producto fermentado con un contenido alcohólico de diez a doce por ciento del volumen.

La palabra *yayin* se utilizaba en el Antiguo Testamento para referirse al vino que "alegra el corazón del hombre" (Salmo 104:15), el vino que se utiliza en los servicios del templo, y el vino como la fuente de las borracheras. No hay dos diferentes tipos de vino, uno sagrado y otro secular. El mismo vino (*yayin*) que causaba la alegría también podía causar la borrachera.

Los arqueólogos han descubierto vastos sistemas para elaborar vino en Palestina. Deuteronomio 16:13 relata cómo las uvas que eran recogidas en conexión con la fiesta de los tabernáculos, eran aplastadas ya sea pisándolas o con una piedra pesada en la cuba de vino. La vendimia era un tiempo de alegría en Israel. Isaías 16:10 y Jeremías 25:30 nos dan una idea del gozo y de los gritos que eran parte de machacar las uvas, lo que ocurría durante el tiempo de la cosecha.

Muchas referencias bíblicas se hacen con respecto a los odres. Las personas del Antiguo Testamento sabían de lo que se trataba la fermentación. El vino se sacaba de lo más bajo de las cubas tan pronto como empezaba la fermentación y se colocaba en jarrones o en odres. Se dejaba una ventilación para que escaparan los gases de la fermentación. Job 32:18-19 nos da una idea acerca de la fermentación: "Porque lleno estoy de palabras, y me apremia el espíritu dentro de mí. De cierto mi corazón está como el vino que no tiene respiradero, y se rompe como los odres nuevos". Cuando el jugo de las uvas se empezaba a fermentar, la gente no lo votaba por haberse vuelto de jugo de uva a un producto que podía causar intoxicación. Ellos tomaban jarrones y odres y los llenaban para que el proceso continuara. En unos pasajes el vino es visto como un regalo de Dios, recibido junto con muchas otras bendiciones. Salmo 104:14-15, están en el contexto de alabanza al Creador por todas las maravillosas obras de sus manos, incluyendo al vino: "El hace producir el heno para las bestias, y la hierba para el servicio del hombre, sacando el pan de la tierra, y el vino que alegra el corazón del hombre, el aceite que hace brillar el rostro, y el pan que sustenta la vida del hombre". Por todas esas bendiciones la respuesta propia era la alabanza y la adoración del Creador.

El vino no era visto como algo meramente malo. Uno de los pensamientos más profundos para las personas de fe del Antiguo Testamento era el ver "El Día del Señor". En ese momento la voluntad de Dios se realizaría de una manera perfecta en el mundo. Amós escribió acerca de este día y dijo:

*He aquí vienen días, dice Jehová, en que el que ara alcanzará al segador, y el pisador de las uvas al que lleve la simiente; y los montes destilarán mosto, y todos los collados se derretirán. Y traeré del cautiverio a mi pueblo Israel, y edificarán ellos las ciudades asoladas, y las habitarán; plantarán viñas, y beberán el vino de ellas, y harán huertos, y comerán el fruto de ellos.*

Amós 9:13-14

El vino era utilizado en los sacrificios diarios. El vino (*yayin*) era ofrecido a Dios junto con harina, aceite, y un cordero (Exodo 29:40). En la fiesta de la cosecha una persona hacía fiesta delante del Señor con bueyes, ovejas, vino, o por sidra (Deuteronomio 14:26). El Antiguo Testamento simplemente no nos da una figura del vino como algo malo o depravado. Era parte de la vida diaria y se utilizaba en la adoración del Señor en los sacrificios y en los días de fiesta.

El autor del libro de Proverbios sugirió que si el pueblo de Dios lo honraba con sus primeros frutos, ellos podrían esperar que sus graneros estuvieran llenos y que los lagares rebosarían con vino (*tirosh*) (ver Proverbios 3:9-10). Negar esta afirmación del regalo de Dios en el vino dentro de su buena creación es simplemente el evitar los textos bíblicos acerca del tema.

La palabra común del Nuevo Testamento en griego para vino es *oinos*. Varias referencias son hechas al vino tanto en las epístolas de Pablo como en los Evangelios. Parece que Pablo permite el uso medicinal del alcohol según 1 Timoteo 5:23: "Ya no bebas agua, sino usa de un poco de vino por causa de tu estómago y de tus frecuentes enfermedades". Si vemos el contexto de cerca parece que Timoteo está ministrando en una situación llena de dificultades y de tensiones. Estas dificultades bien pudieron causarle alguna indigestión. Parece que Pablo le está recetando un poco de vino para que se relaje Timoteo y para que pudiera digerir mejor su comida. Un depresivo del sistema nervioso central, en moderación, puede calmar a una persona y facilitar su digestión. El vino con moderación no le parecía mal al apóstol Pablo.

Sería inconcebible que Jesús hubiera hecho el milagro en Juan 21 si hubiese algo completamente malo con el vino. Jesús utilizó el vino. Esto ilustra más el hecho de que la Biblia no ve al vino como algo malo. Lucas 7:33-34 registra a los enemigos de Jesús acusándolo por ser "un glotón y un borracho". Obviamente Jesús debió haber utilizado el vino, pero nunca abusó de este.

La medicina moderna pone en claro la definición de la embriaguez. Un conductor de un vehículo de motor es declarado legalmente ebrio si tiene un nivel de alcohol en la sangre de :10 % o más. Una definición tan precisa no se encuentra en la Biblia. El Antiguo Testamento une al uso excesivo del vino o de bebidas fuertes con una conducta que es reprensible y prohíbe el uso excesivo del vino. El Nuevo Testamento tiene una palabra griega para la embriaguez la cual está basada en el verbo raíz *methuo*, el cual significa "estar intoxicado". La Biblia habla más a menudo de embriaguez en términos de la conducta que ésta produce. Piensa en la borrachera de Noé (Génesis 9:20), el incesto de Lot (Génesis 19:36-38), y la denuncia de Isaías de aquellos que eran culpables por el cohecho (Isaías 5:23).

El Nuevo Testamento, al igual que el Antiguo, condena fuertemente el exceso y la embriaguez. El libro de Romanos califica a la embriaguez como una forma de conducta que no corresponde en su totalidad a un hijo de Dios: "Andemos como de día, honestamente; no en glotonerías y borracheras, no en lujurias y lascivias, no en contiendas y envidia" (Romanos 13:13). Pablo habla de la borrachera y de sus terribles resultados en el libro de los Efesios: "No os embriaguéis con vino, en lo cual hay disolución; antes bien sed llenos del Espíritu" (Efesios 5:18). La sensualidad excesiva que lleva al mal uso del cuerpo como el templo del Espíritu Santo fácilmente sigue a la borrachera.

Pablo, en 1 Corintios 5, habla de sacar a un borracho del compañerismo de los creyentes. No hay toleración para las borracheras en las Escrituras. La conducta asociada con las borracheras comprometía la integridad y el testimonio de la iglesia, la esposa de Cristo.

Los evangelios registran sólo una advertencia explícita de Cristo con respecto a la borrachera. Lucas 21:34 declara: "Mirad también por vosotros mismos, que vuestros corazones no se carguen de glotonería y embriaguez y de los afanes de esta vida, y venga de repente sobre vosotros aquel día". Un artículo en la *Enciclopedia Bíblica Internacional*

(Grand Rapids, Michigan: Wm. B. Eerdmans Publishing Co., 1979, 880-881) afirma que la razón por la cual Cristo no habló más acerca de la borrachera es debido al hecho de que las borracheras eran un problema predominante en los ricos. Puesto que el ministerio de Jesús fue llevado a cabo en gran parte entre la gente pobre, las borracheras fue algo que El no encontró frecuentemente. Este artículo también declara que el estado de borrachera estaba confinado en su mayoría a los ricos e influyentes del Antiguo Testamento. Esto explica las advertencias a los gobernantes en contra de la utilización del vino y a los jueces que se repriman de tomar vino, para que puedan hacer decisiones justas.

Así que, como lo demuestran las Escrituras anteriores, la condenación escritural de los borrachos está clara. No hay nada casual o superficial acerca de la denuncia: "Ni los ladrones, ni los avaros, ni los borrachos, ni los maldicientes, ni los estafadores, heredarán el reino de Dios" (1 Corintios 6:10). Otros pasajes, tales como Romanos 13:13, relacionan a la borrachera con otros horrendos pecados que son, *voluntarios, deliberados, y escogidos libremente*. Entonces esta es una clave: *la elección libre* es un factor crítico cuando se trata de entender la diferencia entre el alcoholismo y la borrachera voluntaria.

### ¿Cuál es el punto de vista de los cristianos con respecto al alcoholismo?

Algunos cristianos llaman al alcoholismo pecado. Algunos grupos de iglesia requieren la abstinencia (no utilizan el alcohol) como prueba para la membresía. Ellos demandan un voto de abstinencia. En esta forma "el alcoholismo es un pecado", un alcohólico es visto como una persona que no tiene control propio, que es uno de los frutos del Espíritu. Las personas que tienen este punto de vista creen que la destrucción de la disciplina moral yace en la raíz del alcoholismo.

Bueno, ¿qué les parece este punto de vista? Ciertamente, los cristianos están de acuerdo con que la borrachera es un pecado. Pero hay una diferencia —una diferencia definida y genuina— entre un borracho y un alcohólico. A menudo la diferencia es mencionada de esta manera: un borracho puede parar y cambiar si es que quiere; un alcohólico pararía y cambiaría si pudiera. Esta gran diferencia no se refleja en la simple afirmación de que el alcoholismo es un pecado.

Otros cristianos llaman al alcoholismo una enfermedad. Ellos pueden hacer una decisión voluntaria de abstenerse, sin condenar a aquellos que escogen el consumo ocasionalmente, o ellos mismos pueden algunas copas de manera social, sin sentirse culpables. Ellos consideran una bebida alcohólica como uno de los regalos de Dios para que se utilice sabia y agradecidamente.

### ¿Son menos vulnerables al alcoholismo las iglesias que demandan el abstencionismo?

Las iglesias que exigen el abstencionismo tienen menos miembros bebedores. Pero los miembros que no pueden cumplir esas demandas tienen una mayor inclinación hacia el alcoholismo que los que toman y son miembros de iglesias que no insisten en la abstinencia. ¡El tomar alcohol es un dilema!

### ¿Es necesario utilizar jugo de uva en lugar de vino fermentado en la Cena del Señor?

Los líderes de las iglesias deben de utilizar lo que mejor se adapte a un espíritu de unidad, compañerismo, y salud entre su membresía local. Los alcohólicos en recuperación que son miembros de una iglesia *pueden* experimentar una real tentación de volver a pasar por la mesa. Aun el olor del vino fermentado motiva unas reacciones extrañas, principalmente en las primeras etapas de la recuperación. Además, hay alcohólicos escondidos que de buena gana piden el uso de vino fermentado en las iglesias para hacer válido su gusto permanente de tomar. Las iglesias también deben de respetar las convicciones de aquellos que se rehúsen a tocar el vino fermentado.

La copa de la comunión, ya sea que esté llena de vino o de jugo de uva, señala la celebración que va más allá de ella misma hasta el derramamiento de la sangre de nuestro Señor. La existencia o la falta de existencia del alcohol en la copa no tiene relación a la eficacia del santo sacramento.

### ¿Cuáles son las dimensiones morales del alcoholismo en lo que respecta al pecado y\o a la enfermedad?

El alcoholismo es una enfermedad basada en la bioquímica. Sin embargo, dentro de las iglesias hay un intento persistente para describir a un alcohólico como alguien moralmente débil o como un corrupto. Estas descripciones en términos de correcto/equivocado, bueno/malo representan las opiniones comúnmente aceptadas, las cuales no mueren tan fácilmente.

Bíblicamente, el pecado va todavía más profundo que una cosa mal hecha deliberadamente. El hombre tiene una torcedura natural que lo aleja de Dios y de su gobierno. Así que el pecado implica el alejamiento de Dios, lo que nos previene de confiar en El y de rendirnos a El.

En Gálatas 5 y 6, el apóstol Pablo discute la libertad que el cristiano tiene en Jesús. No somos gobernados más por la ley. Sí, somos obstaculizados por el enemigo de la carne, la cual es nuestra naturaleza básica.

Por causa de la carne, todos somos vulnerables a la tentación, a las trampas, limitaciones, vulnerabilidad, debilidades, y a la falta de poder. Nuestra naturaleza básica quiere independencia de Dios, una libertad ilimitada, así como poder. Como los niños egoístas, nos rebelamos contra cualquier límite —aun aquellos puestos por el amor—. Así que vamos más allá de los límites puestos por Dios para nuestro bienestar y nos volvemos vulnerables a muchas trampas.

Cuando vivimos en el Espíritu, cosechamos los frutos de Dios del amor, paz, gozo, paciencia, dominio propio, benignidad, bondad, fe, mansedumbre y templanza. Cuando vivimos en la carne cosechamos ira, celos, inmoralidad, impureza, sensualidad, borracheras, y maledicencia. Somos tentados por las obras de la carne. Así que permanecemos vulnerables por causa del quebrantamiento.

Es en este contexto del *quebrantamiento universal* es que podemos empezar a comprender lo que *parece* ser la desobediencia voluntaria del alcohólico. El concepto del quebrantamiento nos ayuda a ver que la conducta inapropiada del alcohólico no es voluntaria —en efecto, el *no puede* dejar de tomar por causa de su quebrantamiento (el cual es el resultado de malos genes, un metabolismo extraño, un cuerpo adicto a la química cuando se ingiere alcohol, etcétera) ¡Fíjese en esto cuidadosamente! El es moralmente responsable por las cosas malas que dice o que hace cuando toma alcohol. El no es responsable moralmente por tener la enfermedad del alcoholismo. El es incapaz de tomar como una persona "normal" toma. El no juega ningún papel en el escenario sicológico de la química de su cuerpo. Esta clase de química es una marca especial de quebrantamiento.

Sin embargo, él sí tiene un papel responsable y crucial en su recuperación. No es una víctima pura. Debe de aceptar y de confesar su quebrantamiento. ¡Debe decidir el buscar ayuda! Pero aun en estos momentos de decisión sus elecciones son limitadas porque su juicio está dividido.

Los mediadores quienes han aprendido a trabajar sensiblemente con estas distinciones morales, pueden ayudar a los alcohólicos a que busquen una ayuda exterior. Desafortunadamente algunos alcohólicos en una etapa tardía de la enfermedad son incapaces de escuchar el amor y el interés de aquellos que se preocupan profundamente por ellos. Algunos están atrapados en la confusión tan fuertemente, que mueren en el alcoholismo. Hay un momento cuando las discusiones racionales y morales son irrelevantes. La enfermedad parece que apaga todos los servicios morales y racionales.

Aun en estos momentos Dios interviene. Historias milagrosas son escuchadas en las reuniones de los AA. ¡Una libertad soberana toma lugar! ¡Alabado sea Dios!

### ¿Es el alcohol un regalo de Dios?

Dios hizo todo como algo bueno. Las personas pecaminosas desfiguran los dones buenos. La medicina, como la aspirina, es buena y útil cuando se utiliza correctamente. Pero cuando se utiliza incorrectamente, puede causar serias enfermedades y aun la muerte. El problema no es la medicina misma, sino nuestra falta de cuidado o de voluntad. La misma idea puede ser aplicada al uso del alcohol. En sí mismo, el alcohol no es malo, más bien, es amoral. El abuso del alcohol habita en las personas, no en una botella. El problema no es la droga, sino la persona que la utiliza.

### ¿Por qué puede ser poco sabio y aun puede lastimar, utilizar este regalo?

Fácilmente se puede abusar del alcohol. Utilizado de manera buena y sabia, puede "alegrar el corazón del hombre" (Salmos 104:15). Pero la ignorancia y la falta de cuidado fácilmente llevan a la adicción. Anteriormente mencionamos la predisposición genética, los factores hereditarios, y las otras señales preventivas las cuales piden una atención seria. ¡Es una tontería olvidarse de eso!

Nadie utiliza o abusa estando aislado. Somos miembros de la familia de Dios. Las relaciones interpersonales funcionando con honestidad, apertura, comprensión, y amor nos hace felices. La unión saludable crea una autoestima y aumenta el potencial creado por Dios. El alcohol destruye esta delicada red que nos une. Las promesas rotas, las palabras duras, el aislamiento, el amor traicionado, la falta de cuidado, y muchas cosas más son las dietas diarias de muchas familias de alcohólicos que están escondidas.

### ¿Cómo puede una persona practicar la moderación?

Una persona que toma debe darse cuenta cómo es que aun pequeñas cantidades de alcohol pueden variar el comportamiento. La intoxicación depende de varios factores, incluyendo la edad, el peso, cantidad de comida consumida, sexo, cansancio, cantidad de alcohol en las bebidas, y el estado mental. La información siguiente con respecto al alcohol puede ayudar a establecer los limites; una cerveza de doce onzas iguala a un vaso de cuatro onzas de vino y a una onza de licor fuerte. Un tomador debe determinar cuánto alcohol puede tomar durante una hora con la seguridad de que no va a quedar intoxicado. Es importante recordar que un individuo puede reaccionar de manera diferente a la misma química en otro momento, y que un cambio de humor puede cambiar la reacción de cualquier substancia química. La falta de cuidado es seguro una manera para hacer un uso inmoderado.

### ¿Por qué el alcohol algunas veces lleva al abuso del mismo?

Cada trago de vino, cerveza, o licor implica utilizar una droga. ¡Demasiados cristianos que gozan de la libertad cristiana se olvidan de este hecho simple pero asombroso! Las bebidas alcohólicas contienen *etanol* el cual afecta la capa exterior del cerebro. Fácilmente nubla la conciencia. Puede insensibilizar el control central de hacer decisiones en el cerebro. Puede reducir la percepción de las reglas morales. Esta droga no es diferente a las drogas que se recetan —puede ser beneficiosa, ¡pero sólo si se utiliza de la manera adecuada! Nunca debe utilizarse de forma casual, con maldad, descuidada, o ignorantemente.

El beber una cerveza o dos puede ser moralmente permitido, pero a menudo se convierte en una tolerancia egoísta. No tener cuidado de una persona que está en recuperación, quien está presente, está violando el amor al prójimo. Y no poner atención a la cantidad que toma uno, fácilmente puede llevar a una borrachera legal. Olvidarnos que los adultos representan el ejemplo para los jóvenes cristianos desagrada al Señor.

Cuando tengamos que decidir si vamos a tomar o no, consideremos las palabras de Pablo:

*No destruyas la obra de Dios por causa de la comida. Todas las cosas a la verdad son limpias; pero es malo que el hombre haga tropezar a otros con los que come. Bueno es no comer carne, ni beber vino, ni nada en que tu hermano tropiece, o se ofenda, o se debilite. ¿Tienes tú fe? Tenla para contigo delante de Dios. Bienaventurado el que no se condena a sí mismo en lo que aprueba. Pero el que duda sobre lo que come, es condenado, porque no lo hace con fe; y todo lo que no proviene de fe, es pecado.*

Romanos 14:20-23

## ¿Tienen más significado las razones para tomar que el hecho de tomar?

Las personas utilizan el alcohol porque les hace sentirse bien. Son las razones para quererse sentir bien las que necesitan un examen honesto. Los cristianos saben que una vida que no es examinada es una vida por debajo de lo normal y engañosa.

Hay muchos factores involucrados al tomar. Algunas personas, adultas al igual que adolescentes, toman por causa de la presión de sus compañeros. Otros beben porque produce en ellos un sentimiento de aventura. Algunos beben para decir algo; una protesta desafiante contra la iglesia, la escuela, o la autoridad paternal. Aun otros beben cuando ocurre una crisis, para aminorar y aliviar el dolor y la tensión.

El examinar las razones que uno tiene para beber es necesario porque un tomador moderado puede estar en una etapa primaria de alcoholismo sin que haya exhibiciones de abuso del alcohol. Inconsciente y sutilmente, el tomar empieza a realizar ciertas funciones "útiles" en la vida del tomador moderado. Lo ayuda a soportar; le provee un escape de sentimientos negativos como temor, baja autoestima, ira, o inferioridad; se convierte en un amigo que parece que acaba con la soledad y con el aislamiento; lo eleva a uno a un mundo de fantasía, fuera de lo que a veces es la dura realidad. Todas estas funciones "de ayuda" son advertencias previniéndonos de que la bebida está a punto de estar fuera de nuestro control. (Una herramienta para utilizarla al examinar las razones para tomar es el juego de "Las gráficas de sentimientos" en el excelente libro de Vernon Johnson *I'll Quit Tomorrow* [New York: Harper and Row, 1980], 9).

Recuerden esto: Cualquier persona que utiliza el alcohol para alterar el estado de humor y para cambiar la percepción no se puede relacionar honesta o abiertamente con otras personas. El amor es la cuestión fundamental para cada acción, incluyendo tomar. Cuando elige tomar, pregúntese por qué está tomando. Su razón a menudo es mucho más importante que el hecho mismo.

### ¿Es espiritualmente insano tomar para evitar el dolor  o para enfrentar la vida?

El alivio del dolor siempre es temporal. Nunca puede uno librarse completamente del dolor. La falsa euforia del alivio a causa del alcohol o de las drogas obscurece las causas del dolor, lo cual le parece beneficioso al que los utiliza. Desafortunadamente, este método para aliviar el dolor sólo lo previene a uno de resolver las cuestiones que necesitan ser resueltas, lo cual da como resultado un desarrollo espiritual engañoso al igual que las relaciones. Para estar sano espiritual y emocionalmente, uno debe enfrentar las cuestiones que hay en su vida, utilizando *todas* las experiencias —aun las dolorosas— para.crecer en la pureza.

### ¿Está mal moralmente hablando, evitar el dolor?

En sí mismos, tanto el dolor como el alivio no son inmorales. La vida es dura e incluye todo tipo de sufrimiento. Como se dijo previamente, el dolor nos ayuda a crecer, pero nadie —ni aun los cristianos— deben soportar el dolor sólo porque se trata del dolor mismo. Todas las cosas ayudan a bien, incluyendo al dolor. Dios también provee de consuelo y de sanidad a través de su Espíritu y de su Palabra. También El nos ha dado la inteligencia y las habilidades para desarrollar drogas que nos pueden ayudar a proveer consuelo y sanidad cuando se usan de la manera correcta, bajo la supervisión de un médico.

### ¿Cuál es la mayor tragedia del alcoholismo en la comunidad cristiana?

Las tragedias mayores no se reportan en los diarios. Obviamente hay reportes trágicos de conductores ebrios, niños inocentes asesinados, y suicidios de jóvenes. Pero estas tragedias no son las que causan dolor a la gran mayoría de las personas. En miles de familias cristianas, la enfermedad del alcoholismo es pasada por alto o negada. Los problemas que la acompañan —el abuso sexual y físico de la esposa y de los hijos, el lenguaje violento, los grandes silencios, las promesas rotas, las peticiones de oración mal guiadas, y mucho más— dejan marcas en muchas vidas. Las parejas siguen casadas por pura misericordia y por un martirio impuesto, mientras que los amigos los alaban por lograr permanecer juntos. Los sinceros devotos esperan desesperadamente un milagro de liberación sin saber exactamente qué es lo que quieren o necesitan.

# CINCO
# LA ABSTINENCIA

### ¿Cuándo es necesaria la abstinencia total?
1. Cuando uno es químicamente dependiente o alcohólico.
2. Cuando uno está tomando ciertos medicamentos recetados por el médico.
3. Mientras uno está operando equipos tales como automóviles, cortadora de césped, herramientas eléctricas de cualquier especie, un bote, etcétera.
4. Mientras uno está integrado en los deportes.
5. Durante el embarazo.
6. Cuando se requieren funciones cognoscitivas, como en un salón de clases, en la oficina, durante una presentación.

### ¿Puede la abstinencia personal hacer una diferencia en otros?
El elegir no tomar no va a prevenir que otra persona no abuse del alcohol o que se convierta en un alcohólico. Las acciones personales no controlan las acciones de los demás. La estructura genética, metabolismo, y la química del cuerpo produce el alcoholismo. Las personas que abusan voluntariamente son llevadas por sí mismos y hacen lo que les place.

La abstinencia, sin embargo, reduce la presión para que los demás beban. La presión que se puede ejercer sobre los demás es bastante grande. Muchas personas, incluyendo a algunos cristianos, a menudo toman una copa antes de comer. Si alguien en la fiesta rechaza una copa, puede que le hagan bromas: ¿Qué pasa? ¿También eres un alcohólico? Vamos, ¿tú no estás en contra de la bebida, o sí? El pastor no anda por aquí. Además a él también le gusta echarse una de vez en cuando". Puede ser penoso, a menudo conlleva a la soledad, cuando uno elige no tomar. Pero su posición callada, y fuerte para la abstinencia puede animar a otro que sabe que tiene problemas con el alcohol.

Gracias a Dios por los cristianos que sin complicaciones escogen no tomar. El cristiano no necesita de la bebida para hacer toda una ocasión. Ni se mete en una novela para poder tener una posición. Meramente dice: "No, gracias. Me acabo de tomar un vaso de refresco".

### ¿Cómo la abstinencia personal se puede convertir en una maldición en lugar de ser una bendición?

El hacer de la abstinencia una ley cristiana fácilmente puede llevar a un orgullo espiritual. Sutilmente, el abstemio puede hacer que el que toma moderadamente se sienta culpable. Los abstemios inconscientemente pueden emanar un espíritu de condescendencia, justicia propia, y de juicio. Este espíritu, que generalmente no es percibido por la persona que lo irradia, a menudo motiva a los tomadores que tienen problemas a un aislamiento aun más profundo.

Algunos cristianos hacen de la abstinencia una prueba para formar parte de.la membresía de una iglesia. Las reglas a menudo cierran las puertas a un amor que puede sanar. El legalismo, en cualquier forma que sea, es una atadura. Las cadenas religiosas aún siguen siendo cadenas.

### ¿Es la abstinencia de los padres el mejor ejemplo para los niños?

Depende. La atmósfera del hogar de las personas que se abstienen es mucho más importante que el hecho de abstenerse de tomar. Los comentarios negativos acerca de los amigos que toman a menudo envenenan la atmósfera del hogar, en donde no se toma. Sucede de la siguiente manera:

"Nosotros no tomamos como Jorge. Pensamos que es más cristiano no tomar. No estamos diciendo que Jorge bebe demasiado. Pero no queremos que nuestros hijos se conviertan en tomadores como Jorge".

Tales comentarios adoptan un orgullo falso, aumenta los niveles de culpabilidad de los adolescentes, y lo más triste, corta la comunicación abierta entre los padres y los hijos. ¡La abstinencia no es algo importante! El abstemio siente que su elección es la mejor para él. Y punto. No hay ningún signo de admiración. Los niños fácilmente sienten el espíritu de libertad y de una feliz elección.

UNO: El alcoholismo — un problema complicado

# SEGUNDA PARTE

## El alcoholismo: Una enfermedad familiar

**UNO: El alcoholismo —un problema complicado**

¿Por qué son tan difíciles de tratar los problemas que acompañan al alcoholismo? ◆ ¿Cómo el alcohólico utiliza la ira como un arma? ◆ ¿Cómo utiliza el alcohólico la ansiedad? ◆ ¿Cómo se complica "el rompecabezas" cuando el alcohólico se resiste y niega su caso?

**DOS: El alcoholismo y las familias**

¿Por qué muchas familias son vulnerables a la devastación del abuso del alcohol? ◆ ¿Cuánto tiempo transcurre generalmente, antes que la familia del alcohólico admita que tienen un problema? ◆ ¿Por qué es llamado el alcoholismo una enfermedad basada en la vergüenza? ◆ ¿Cómo se relacionan las frases "No puedo hacer nada" y "Tú puedes dejarlo" en la vida de un alcohólico? ◆ ¿Es un acto de deslealtad discutir el alcoholismo de un ser amado con alguien más?

### TRES: El alcoholismo y los hijos

¿Cuál es el efecto que causa en los niños el alcoholismo dentro de la familia? ◆ ¿Cómo pueden salir adelante los niños cuando viven en hogares alcohólicos? ◆ ¿Cuáles son los efectos del alcoholismo en los hijos adultos de los alcohólicos? ◆ ¿Por qué algunos adolescentes abusan del alcohol? ◆ ¿Por qué algunos adolescentes se vuelven alcohólicos? ◆ ¿Por qué los jóvenes son tan vulnerables al alcohol y a sus efectos negativos? ◆ ¿Hay estadísticas que sean confiables acerca del consumo del alcohol por los adolescentes en las escuelas cristianas? ◆ ¿Qué pueden hacer los padres con los hijos que están creciendo para evitar el abuso del alcohol? ◆ ¿Por qué es que muy a menudo los padres no son capaces de prevenir el abuso del alcohol en los adolescentes? ◆ ¿Cuáles son las señales que nos advierten que un adolescente está abusando del alcohol? ◆ ¿Qué deben hacer los padres cuando sospechan que hay un problema con la bebida? ◆ ¿Cuál es la familia que practica la ayuda para prevenir los problemas de la bebida?

### CUATRO: La codependencia

¿Qué es la codependencia o un coalcohólico? ◆ ¿Cuáles son algunas de las reacciones típicas de una familia codependiente? ◆ ¿Cuáles son algunos de los sentimientos comunes en los codependientes o en los coalcohólicos? ◆ ¿Es el codependiente el responsable de la enfermedad del alcohólico? ◆ ¿Es prudente que un codependiente tome con un alcohólico que aun niega que lo es? ◆ ¿Por qué los codependientes necesitan ayuda de afuera? ◆ ¿Cómo los cristianos objetivos e interesados ayudan a apoyar a los codependientes? ◆ ¿Cuáles son algunos de los fundamentos que deben aprender los codependientes para poder recuperarse? ◆ ¿Qué es un facilitador? ◆ ¿Es el amor facilitador completamente malo? ◆ ¿El amor cristiano no requiere que uno ayude? ◆ ¿Cómo puede uno dejar de facilitar? ◆ ¿Qué es apartarse? ◆ ¿Por qué debe aprender a apartarse un facilitador? ◆ ¿Cuáles son las personas que encuentran mayores dificultades para aprender a apartarse?

## CINCO: La intervención

¿Qué es la intervención? ◆ ¿Es la intervención principalmente una confrontación moral? ◆ ¿Quién lleva a cabo la intervención? ◆ ¿Qué quiere decir el término, "el otro importante"? ◆ ¿Cómo los interventores incorporan los aspectos morales en su trabajo? ◆ ¿Cuál es la preparación específica que hace el equipo de intervención? ◆ ¿Qué sucede durante la intervención? ◆ ¿Qué quiere decir la frase "golpear el fondo? ◆ ¿Cuál es la diferencia entre un juicio honesto y enjuiciamiento? ◆ ¿Cómo Jesús evitó el enjuiciamiento? ◆ ¿Cuál es el mejor lugar para llevar a cabo la intervención? ◆ ¿Cuál es el lugar de la oración en la intervención ? ◆ ¿Cómo termina la intervención? ◆ ¿Cómo la comunidad cristiana puede facilitar la intervención? ◆ ¿Qué es un Equipo de Alcance Familiar? ◆ ¿Hay pasajes bíblicos que ayuden a los que intervienen?

## SEIS: El papel de la iglesia

¿Hay muchas familias con problemas de alcoholismo en la comunidad de la iglesia? ◆ ¿Cuáles son las sugerencias positivas que existen para ayudar a los codependientes? ◆ ¿Cuáles son las cosas negativas que hay que evitar? ◆ ¿Cómo pueden estar equipados los pastores, ancianos, y otros líderes de la iglesia para tratar con los problemas del alcoholismo en sus iglesias y aun más allá? ◆ ¿Qué pasa si el alcohólico se rehúsa a ayudar? ◆ ¿Deberían de ser sacados de la membresía de la iglesia los alcohólicos que persisten voluntariamente?

# UNO
# EL ALCOHOLISMO:
# UN PROBLEMA COMPLICADO

**¿Por qué son tan difíciles de tratar los problemas que acompañan al alcoholismo?**

El alcoholismo alcanza lo más profundo de las áreas del subconsciente del yo. Este es un territorio del cual no hay mapas. Las personas con buenas intenciones no pueden componer la situación del alcohólico.

El doctor Kellerman señala esto cuando compara la recuperación del alcoholismo a un arco gótico. El dice:

> *"Hay fundamentos que no se pueden ver; varias personas pueden poner varias piedras en el arco; pero la piedra angular debe ser puesta por el alcohólico, o la estructura se va a caer. Nadie puede hacer por el alcohólico lo que el alcohólico debe hacer. No puedes tomarte la medicina del paciente y esperar que el paciente se recupere. Las elecciones deben ser hechas y la acción tomada por el alcohólico por su propia voluntad, si es que la recuperación va a ocurrir con bases permanentes" (J. L. Kellerman, Alcoholism; A Guide*

*for Clergy, New York: National Council on Alcoholism, 1958).*

**¿Cómo el alcohólico utiliza la ira como una arma?**

Inteligentemente enciende la ira de otros y provoca la pérdida del carácter para desarmar al posible ayudante. Los temperamentos encendidos y los espíritus de enojo previenen la sanidad, apagan la buena voluntad, y mantienen alejados a aquellos que quieren ayudar. El alcohólico utiliza la ira de otros como una justificación para él tomar.

El proverbio, "los dioses hacen que se enojen aquellos a los que quieren destruir", tiene mucha validez aquí. Los alcohólicos enojados destruyen a los seres amados, al menos en el momento. Los alcohólicos son unos adictos que utilizarán cualquier excusa para tomar. Su mundo mental es un lugar extraño, fabrican demonios y proyectan ilusiones.

**¿Cómo utiliza el alcohólico la ansiedad?**

El utiliza la ansiedad en otros para manipularlos. El quiere que los seres amados se conviertan en "codependientes" y que lo cubran. Nadie que está implicado quiere sentirse avergonzado por un cheque sin fondos, por una conversación obscena, o por la equivocación de un alcohólico. Al crear ansiedad en muchas de las situaciones, el alcohólico obtiene lo que desea (demora el pagar el precio por su conducta), y lo utiliza también (continúa bebiendo.)

**¿Cómo se complica el "rompecabezas" cuando el alcohólico se resiste y niega su caso?**

Un "alcohólico que se resiste", en la mayoría de las veces, actúa normalmente. Muy rara vez grita, le pega a su esposa, o se ausenta del trabajo. Aquí es donde entra la negación. Puesto que el alcohólico puede funcionar a un nivel más o menos normal, él no cree que sea un problema. El tomar es parte de la vida, una manera de relajarse o de premiarse a sí mismo.

Para la persona que no vive cerca del alcohólico, le parece que todo está bien. Lo que los de afuera no ven son los cambios de humor, que se le olvidan los cumpleaños, está tenso en los días festivos, los prolongados silencios, largas siestas frente al televisor, no goza del sexo, ignora a los hijos, critica sin razón, se desvanece la devoción por la familia, y muchas cosas más.

# DOS
# EL ALCOHOLISMO Y LAS FAMILIAS

**¿Por qué muchas familias son vulnerables a la devastación del abuso del alcohol?**

El mundo de hoy ha traído cambios confusos a la vida tradicional de las familias. Todo lo que antes se hacía juntos parece como si se estuviera separando. Lo cierto es que la forma en que alguna vez se definió el significado de la vida diaria parece que está desapareciendo, se está escurriendo. Para muchas personas la vida parece que está fuera de control. El gobierno, el sistema educativo, las agencias para afirmar la ley, los programas económicos, las denominaciones religiosas, y aun los sistemas morales parecen incontrolables y difíciles de alcanzar.

Las familias grandes casi han desaparecido. Para la mayoría de las personas, hay muy pocos tíos o tías o primos que vivan lo suficientemente cerca como para conocerlos y para que se interesen en sus problemas. La movilidad, afluencia, y la inestabilidad han cobrado un precio muy alto.

Los proveedores de los mensajes comerciales modernos están sembrando valores que le dan una forma al comportamiento. Deseos creados inteligentemente son presentados como necesidades que deben tener una satisfacción inmediata. En esta clase de mundo, el alcohol es un gran seductor. Las personas que se sienten intimidadas, aisladas, perdidas, sin amor, desconectadas, y desorientadas tratan de componerse rápidamente. ¡Y el alcohol da resultado! Pero sólo por el momento.

El consumir alcohol para poder lidiar con la vida crea el alcoholismo en 1 de cada 10 personas que lo usan. Los tomadores que no se convierten en alcohólicos son engañados por el alcohol por temporadas cortas y por un alivio ilusorio. El alcohol afecta el crecimiento de una persona hacia la madurez en donde tanto el dolor como el placer son aceptados como parte del buen propósito de Dios para nuestras vidas.

Las familias frágiles necesitan saber que el consumo de alcohol puede dañar la delicada fuente del amor, respeto, y dignidad. Las familias que tienen problemas con el alcohol necesitan reconocimiento, compasión, y una ayuda concreta. Las respuestas en esta sección están diseñadas para ayudar a las familias que tienen problemas con las cuestiones relacionadas con el alcohol.

**¿Cuánto tiempo transcurre generalmente, antes que la familia del alcohólico admita que tienen un problema?**

Las familias generalmente no admiten la presencia del alcoholismo hasta que la enfermedad ha sido crítica por unos siete años. Después de eso, los miembros a menudo esperan dos años más antes de buscar ayuda profesional.

**¿Por qué es llamado el alcoholismo una enfermedad basada en la vergüenza?**

Los alcohólicos y sus familias se encuentran impotentes ante el alcohol y sufren porque no pueden mantener una disciplina. Las traiciones en las confidencias, las promesas rotas, y los sueños frustrados llevan a la vergüenza. Las personas cercanas a los alcohólicos se ven a sí mismas como igualmente dependientes, débiles, culpables, limitadas, y básicamente deficientes al igual que la persona que está enferma.

La vergüenza y la culpa están relacionadas muy de cerca. La culpa se basa en las acciones. Uno se siente culpable porque él hace trampas o dice mentiras. La vergüenza se concentra en la personalidad. Surgen sentimientos de cobardía, fracaso, o de que no se es bueno.

Piensa en un campo de fútbol. El salirse del campo lo hace a uno culpable. Fracasar en llegar a la meta lo hace a uno sentirse avergonzado. La culpa viene cuando traspasamos las fronteras; la vergüenza se levanta al fracasar en llegar a la meta.

El alcohólico miente, halaga, manipula, pierde el tiempo, le roba a su patrón, rompe promesas, y hace muchas cosas más. Se siente terriblemente culpable, aun cuando en voz alta proclama inocencia. ¡Todo es parte de la enfermedad del alcohol! El alcohólico lleva consigo una gran carga de culpa, mucho más pesada y más grande de lo que la gente puede pensar. Los codependientes también llevan una carga de culpa por sus gritos irracionales, por fracasar en ser fuertes, por su inhabilidad para orar, y por encima de todo por fracasar y ser incapaces de dominar la descontrolada forma de beber de los seres amados.

Todos los que se encuentran en esta situación honestamente quieren el perdón. Ellos no le fallaron intencionalmente al Señor, ni cuando lastimaron a otros, o se dejaron desanimar. A menudo, confiesan sus pecados a Jesús, pero no se sienten perdonados. Piensan que sus oraciones no han sido escuchadas.

La vergüenza es el pantano que se encuentra por debajo de la culpa del alcohólico. Es aun más profundo que el sentirse merecedor de castigo o de rechazo. El alcohólico activo está radicalmente fuera de toda sincronización. Se siente como víctima de un proceso metabólico y de malos genes, y aun piensa que no es nada más que una víctima. Tiene culpa. La autoestima se ha ido. Desesperadamente trata de rescatar la valía personal, él afirma que puede dejar de tomar cuando quiera.

La vergüenza lo paraliza, y lo lleva a la desesperanza y aun al suicidio. Esto es especialmente cierto en los cristianos que luchan honestamente con las dinámicas enfermedad-pecado del alcoholismo. El mismo pantano de vergüenza echa abajo a las familias que niegan la existencia del problema, y lo tratan de sacar asumiendo nuevos papeles en la vida diaria, y asumen que son un fracaso porque ellos no pueden "resolver" el problema de la bebida que tienen en casa.

La vergüenza es la atmósfera envenenada para cualquiera que vive con un alcohólico o con una persona que abusa del alcohol.

**¿Cómo se relacionan las frases "No puedo hacer nada" y "Tú puedes dejarlo" en la vida de un alcohólico?**
Considere el siguiente diagrama:

## ALCOHOLISMO

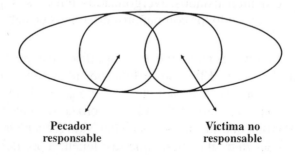

Pecador
responsable

Víctima no
responsable

El óvalo alargado representa el alcoholismo. Dentro del óvalo hay dos círculos, cada uno dando vueltas en su propio centro. El centro del círculo izquierdo representa un "pecador responsable", el centro del círculo derecho denota a una "víctima no responsable". El círculo izquierdo muestra a una persona que es responsable por sus pensamientos, sentimientos, deseos, y decisiones. El círculo de la derecha representa a una persona que no es responsable por esas cosas, y es una víctima de la enfermedad.

Cada círculo está dando vueltas. En el proceso hay un momento cuando ellos se unen y se mueven a la par, la mezcla se convierte en algo complejo y borroso que se hace imposible decir en qué momento la víctima no responsable se convierte en un pecador responsable o viceversa. Y así el alcohólico se convierte, y a menudo permanece, como combinación única e impenetrable de libertad y ataduras. Sí, él es responsable —sin embargo él está atrapado en un círculo vicioso del cual al parecer no puede escapar.

El alcohólico debe descubrir la victoria en Jesucristo. Es la responsabilidad personal de cada alcohólico procurar esta victoria, porque es sólo a través de Cristo que uno puede encontrar esperanza de la completa redención del terror del alcoholismo.

Pero muchos alcohólicos que son cristianos permanecen atrapados en los lazos de su enfermedad. Ellos (y a menudo la comunidad cristiana alrededor de ellos) piensan que su enfermedad es un pecado. Ellos se sienten agobiados por la culpa y se sienten aislados, avergonzados, temerosos, y abandonados. A menudo los compañeros cristianos no saben nada de la angustia del alcohólico. Así que es sólo a través de pláticas abiertas de este complicado tema que podremos ayudar a muchos cristianos que son alcohólicos para que salgan de detrás de la dolorosa seguridad del encubrimiento.

### ¿Es un acto de deslealtad discutir el alcoholismo de un ser amado con alguien más?

¡No! No es desleal alertar a tu médico de un problema de salud de un miembro de la familia. El alcoholismo es una enfermedad. Una discusión abierta y honesta, no es chismear. Es una manera de mostrar amor.

Una confrontación honesta de un cristiano objetivo e interesado puede producir una ira explosiva de parte del alcohólico quien no desea encarar su adicción a cualquier costo. Pero aun así, el amor tenaz y que logra apartarse, significa estar dispuesto a ser expuesto a este cambio.

# TRES
# EL ALCOHOLISMO Y LOS HIJOS

## ¿Qué efecto causa en los niños el alcoholismo en la familia?

Para comprender sus efectos, uno debe darse cuenta de que la familia representada por la madre, padre, y los hermanos es la única cubierta de seguridad para la mayoría de los niños hoy en día. Por causa de la movilidad de nuestra sociedad, las familias que incluyen a los abuelos, varios tíos, tías, y primos ya casi no existe. Por lo tanto, los niños deben apoyarse en la seguridad, estabilidad, y autoridad amorosa provista por los padres y las madres. Si uno o ambos padres son alcohólicos, se presentan varios problemas para los hijos. No pueden contar con sus familiares para que los protejan de las presiones de la vida.

Un niño en una familia alcohólica va a experimentar *soledad, pérdida, y rechazo.*

Veamos el caso de Carlos, un niño que está en cuarto grado, quien cuando regresa de la escuela, encuentra a su madre desmayada en el sofá. La comida no se ha empezado a preparar, la casa no está arreglada, no hay ropa limpia. La necesidad que tiene Carlos de la atención de su madre no es suplida. Su madre está dormida, él no sabe por qué. Un niño solitario se prepara un emparedado de crema de maní y se sienta a ver la televisión hasta que es hora de irse a acostar.

Un niño en una familia alcohólica va a experimentar *dolor, pérdida de su autoestima, y rebelión* por lo injusto de la situación.

El papá de José le ha prometido que lo llevará a cenar y a jugar junto con dos amigos. Llega a casa y está listo para salir, se encuentran con la mamá de José quien le explica que papá se siente mal y está en cama. Los planes para la noche hay que tirarlos a la basura. José sabe que su papá está borracho. El no tiene cara para ver a sus amigos y se vuelve un escéptico de lo que dice y hace alguien que está en posición de autoridad.

Un niño en una familia alcohólica va a experimentar *temor, desilusiones, inseguridad, y enojo.*

Consideremos a Cintia, quien a su regreso a casa es saludada por un padre que está tomado. Su humor ha pasado de la alegría a una irritación irrazonable. Le enseña el trabajo que hizo en la escuela como él se lo había pedido el día anterior.

Cuando él observa que la calificación es una "C", el padre explota. "¿Es esto lo mejor que puedes hacer?", empieza a gritar. "¡Yo podía hacer más que eso cuando tenía la mitad de años de los que tú tienes!" Vete a tu cuarto y vuelve a escribir esa basura, ¡déjame verlo nuevamente cuando hayas terminado!"

La niña, llorando, se va a su habitación, copia su trabajo en limpio, y se lo entrega a su papá, quien para esos momentos está roncando fuertemente acostado en el sofá, incapaz de evaluar el trabajo.

## ¿Cómo pueden salir adelante los niños cuando tienen que vivir en hogares alcohólicos?

El mecanismo para resistir varía. Algunos existen y sobreviven tomando cierto papel dentro de la familia. Sharon Wegscheider, en su libro *Another Chance* (Palo Alto: Science and Behaviour Books, 1981), ha identificado los siguientes papeles adoptados por los hijos de familias alcohólicas:

Existe el *héroe*. Generalmente es el hijo mayor. Movido por su deseo ardiente de "componer" a la familia, para hacerla "normal" como las demás, él se siente fracasado, culpable, e inadecuado porque parece que nada da resultado. Pero continúa haciendo el intento. En muchos casos se convierte en una persona que trata de lograr demasiado, recibe alguna atención positiva, tiene sentimientos de autovalía, pero se vuelve compulsivo y motivado en su esfuerzo para reparar, remendar, y hacerse cargo del mundo.

Otro papel de los niños de las familias alcohólicas es el del *"chivo expiatorio"*. Este niño ha sido tan lastimado por los alcohólicos que dirige su vida fuera de la familia. Llevando el dolor y la culpa sobre sus hombros, se vuelve delincuente, intenta conseguir la atención negativa, y puede destruirse a sí mismo por las adicciones.

Otro niño puede convertirse en el niño *perdido*. Alejándose de la fealdad de la situación familiar, éste busca alivio en escapar, el aislamiento social y el retraimiento. Este niño es tímido, solitario, y miedoso.

Finalmente, un niño que tiene miedo del caos alrededor de él puede buscar atención convirtiéndose en la *mascota de la familia,* el *payaso de la clase.* Frecuentemente es hiperactivo, siempre está en todo, listo para actuar. El busca la diversión sobre todas las cosas. Pero el precio a menudo se prolonga en inmadurez y aun en enfermedades emocionales.

Estos papeles, que se asumen inconscientemente, pueden cambiarse. Pueden ponerse a un lado. Estos comportamientos deben ser reconocidos como las maneras en que los niños van a tratar de soportar los problemas de alcoholismo que existen en sus casas. De varias maneras, los niños llevan esos papeles a su edad adulta y así crean problemas sicológicos de todo tipo. Así que, los hijos adultos de los alcohólicos despliegan las trágicas consecuencias de una edad temprana en un hogar de alcohólicos.

### ¿Cuáles son los efectos del alcoholismo en los hijos adultos de los alcohólicos?

1. Se vuelven aislados de la sociedad y especialmente temerosos de las figuras de autoridad.

2. Se convierten en personas que buscan aprobación y están asustados, intimidados, o enojados por la gente colérica y por los que hacen crítica personal.
3. Crecen con un sentido de responsabilidad demasiado desarrollado.
4. Ellos guardan sentimientos exagerados de culpa mientras alegan sus propios derechos en lugar de cedérselos a otros.
5. Han perdido la habilidad de expresar sentimientos de alegría y felicidad porque han aprendido a reprimir sus sentimientos en presencia de un padre adicto.
6. Tienen una autoestima muy baja. La atmósfera de vergüenza en una casa de alcohólicos trae como resultado que el niño que está creciendo, se perciba a sí mismo como incapacitado y de poco valor.

**¿Por qué algunos adolescentes abusan del alcohol?**

Inicialmente, los jóvenes se involucran en el uso del alcohol por varias razones. Hay presión de parte de sus amigos, curiosidad, aburrimiento, y rebelión en contra de las reglas impuestas por los adultos. La mayoría de los adolescentes, sin embargo, son simplemente como los adultos; ¡toman porque los hace sentirse bien! Cuando el beber se convierte en algo habitual, los adolescentes citan varias razones:

"Todos mis amigos lo hacen".

"Me hace sentir importante".

"Si tuvieras la clase de padres que yo tengo, también lo harías".

"Necesito alejarme de las cosas de la escuela".

"Una fiesta no es fiesta si no hay que tomar".

"Mis padres lo hacen —¿por qué no puedo hacerlo yo?"

La realidad es que personas de todas las edades beben porque quieren sentirse bien. La mayoría de las otras razones son excusas.

**¿Por qué  algunos jóvenes se vuelven alcohólicos?**

Por la predisposición genética heredada además de la experiencia a temprana edad y el uso frecuente combinado con:

1. *Baja autoestima.* Algunos jóvenes sienten que no son importantes o que no valen nada. Ellos utilizan el alcohol para sentirse mejor consigo mismo.

2. *Apoyo débil de la familia.* Padres bien intencionados, ya sea que estén casados, separados, o divorciados, no siempre están de acuerdo con las reglas para los hijos. Estos desacuerdos hacen que los niños se sientan perdidos y que se enojen. Los padres también pueden ignorar las necesidades emocionales de sus hijos conforme maduran. Los hijos necesitan reglas consistentes con las sanciones apropiadas, al igual que el amor permanente durante los años de la adolescencia.

3. *Poca habilidad para hacer amistades.* El saber cómo hacer amistades significa ir y alcanzar a otros, tomando el riesgo de ser rechazado, y aprender a escoger relaciones que sean positivas. El deseo de pertenecer a algo o a alguien es una necesidad universal, especialmente para las personas jóvenes. El alcohol a menudo es utilizado como una manera de pertenecer a algo.

4. *Habilidades pobres para tomar decisiones.* Aprender a evaluar el buen y el mal comportamiento es un proceso complicado. Los adolescentes experimentan presión tanto de sus amigos como de sus padres. Algunos encuentran este proceso de equilibrio, agobiante y muchos tratan de encontrar un escape.

5. *Inhabilidad para expresar sus sentimientos de manera adecuada.* Sentimientos reprimidos o no expresados, ser vengativo cuando uno está enojado, no perdonando a otros, actuar duramente cuando uno tiene miedo y hay maneras de resistir los sentimientos que resultan en una autoestima baja. El uso del alcohol puede enmascarar temporalmente esos sentimientos desagradables.

6. *Falta de propósito.* ¿Quién soy? ¿Qué debo hacer con mi vida? ¿Qué le da significado a la vida? Para algunos es más fácil poner las preguntas difíciles a un lado en lugar de tratar de encontrar las respuestas. La mayoría

de los jóvenes que luchan con estas situaciones no acuden al alcohol. Pero algunos sí lo hacen.

### ¿Por qué los jóvenes son tan vulnerables al alcohol y a sus efectos negativos?

1. Los adolescentes se olvidan de que el alcohol es una droga e ingenuamente asumen que sólo las personas adultas se pueden volver alcohólicas. Voluntariamente se ciegan a sí mismos al hecho de que el alcoholismo en los adolescentes está en una curva ascendente.

2. Ellos aún están creciendo. Aun cuando el daño a los órganos no sea obvio, no crecen emocionalmente cuando consumen alcohol de manera regular. Es posible que el crecimiento físico sea normal, pero el crecimiento emocional se deteriora.

3. La exhuberancia de la juventud los hace vulnerables a las decisiones equivocadas teniendo como resultado equivocaciones que afectan toda su vida, hechos tales como el embarazo de una adolescente, el alcoholismo a una edad temprana, la deserción escolar, catástrofes por conducir embriagados, etcétera.

### ¿Hay estadísticas confiables acerca del consumo de alcohol por los adolescentes en las escuelas cristianas?

Durante un período de cinco años visité veintisiete escuelas secundarias cristianas privadas, en toda la nación y en Canadá, para consultar con los miembros de las facultades y administrar cuestionarios a estudiantes anónimos que se ofrecieron como voluntarios. Las escuelas en las que hice el sondeo servían a la población urbana al igual que a la rural, y automáticamente caían en tres grupos numéricos iguales de bajo, mediano y alto consumo o abuso del alcohol.

En las escuelas en donde había un consumo bajo, virtualmente no había chicas que utilizaran el alcohol o las drogas. El uso empezaba tarde, en los años 10, 11 ó 12. Menos del 5% de los que estaban en el último año se emborrachaban semanalmente. Cerca del 10 al 15% de los que estaban en el onceavo grado y en el último tenían problemas en sus vidas debido al abuso del alcohol. Había poco consumo o abuso de alcohol entre los padres, y casi no estaba presente entre las madres. La mayoría de estas escuelas eran rurales debido al lugar donde se encontraban.

En las escuelas de mediano consumo o abuso, el porcentaje subió. Entre 5 a 8% de los estudiantes en último año se emborrachaban una o más veces a la semana. El consumo inicial de alcohol empezaba en los grados noveno o décimo. Las chicas bebían la mitad de las veces que los chicos. Del 15 al 25% de los estudiantes en el onceavo y en el último año estaban experimentando problemas por abusar de la bebida (problemas con los padres, con las autoridades de la escuela, con la policía, con los líderes de la iglesia, y aun con los compañeros.) En este caso el padre y la madre bebían más que en las escuelas de bajo consumo, especialmente los padres.

En las escuelas donde se consumía o abusaba altamente, el nivel de los estudiantes en su último año era mayor que en las escuelas públicas. Del 10 al 20 % de ellos se emborrachaban una vez por semana o más. Las chicas bebían la misma cantidad que los hombres. Del 10 al 40% de los estudiantes bebían de forma abusiva (de una manera que interfería con las funciones de la vida normal). Había un gran porcentaje de experimentos con otras drogas, notablemente con marihuana y cocaína. Los padres bebían mucho más que las otras dos clases, y generalmente eran más ricos y educados. En estas escuelas, los estudiantes eran más abiertos con respecto a su estilo de beber.

Comparando las estadísticas de las escuelas públicas con las escuelas cristianas, noté lo siguiente:

1. Los estudiantes de las escuelas públicas experimentaban con el alcohol a una edad más temprana.

2. Las chicas en las escuelas públicas tomaban más alcohol que las chicas de las escuelas cristianas.

3. Los patrones de beber en los estudiantes del último año eran idénticos, tanto en las escuelas públicas como en las cristianas.

4. En la universidad, los graduados de la escuela pública que eran tomadores problemáticos dejaban de beber antes que los de las escuelas cristianas. (Los tomadores problemáticos son aquellos cuya forma de beber causa conflictos con los padres, profesores, policía, y compañeros. No son considerados alcohólicos.) En los talleres sobre el abuso del alcohol que se hicieron en estas escuelas por la Asociación de Padres y Maestros, era universalmente cierto que todos los padres subestimaban el problema del consumo de alcohol de sus hijos y la necesidad urgente de una consistente educación acerca del alcohol.

**¿Qué pueden hacer los padres con los hijos que están creciendo para evitar el abuso del alcohol?**

Los siguientes consejos han probado ser efectivos:

1. Examine el uso personal del alcohol. Los valores personales y actitudes hacia la forma en que el alcohol afecta a los hijos.

2. Obtenga información exacta acerca del alcohol. Aprenda tanto como sea posible antes que los hijos empiecen a preguntar.

3. Aprenda las señales que da un problema que se está desarrollando. Los problemas del alcohol y de las drogas generalmente se desarrollan con el tiempo, pero hay señales definitivas que le advierten.

4. Mantenga abiertas las líneas de comunicación. No moralice o se ponga a dar sermones. Deje que haya una información y un intercambio mutuo, y que no haya dictados de autoridad, esto ayuda a madurar a los hijos.

5. Trabaje con otros. Consulte y coopere con miembros de la iglesia, con organizaciones comunales, y con las mesas directivas de las escuelas para que desarrollen programas de educación y de prevención tanto para los padres como para los jóvenes. Unete a grupos de apoyo y promueve un estilo de vida saludable; estas son buenas maneras de aprender a vivir químicamente libres.

**¿Por qué es que muy a menudo los padres no son capaces de prevenir el abuso del alcohol en los adolescentes?**

1. Los adolescentes están en el proceso de cortar lazos emocional y socialmente con los padres. Los grupos de amigos asumen papeles de mayor significado.
2. Los padres en una sociedad móvil a menudo están de minivacaciones y de fines de semana largos. Ellos simplemente no saben qué es lo que su hijo, que no está siendo supervisado, está haciendo. Muchas fiestas donde abunda la bebida, ocurren cuando los padres están ausentes.
3. Algunos minimizan el significado de los episodios de bebida de los hijos, asumiendo que los jóvenes sólo están pasando por una etapa de experimentación y de excesos ocasionales.
4. Los padres al igual que los hijos están infectados por el espíritu moralmente permisivo de la actualidad.
5. Los padres tienen temor de que los hijos se alejen de sus compañeros si se mantiene una posición fuerte en contra de la bebida.
6. La vergüenza y el temor impide a los padres compartir las experiencias dolorosas de descubrir que en la familia hay abuso de alcohol y adicción. ¡Es triste y muy cierto que compartir honesta y libremente en la iglesia no es fácil!

**¿Cuáles son las señales que nos advierten que un adolescente está abusando del alcohol?**

1. Un lento o repentino bajón en las calificaciones.
2. Un cambio de amigos.
3. Cambios de humor.
4. Aumento en el desafío a las reglas de la familia.
5. Comportamiento oculto.
6. Pérdida de iniciativa.
7. Alejamiento de las funciones familiares.
8. Cambio en la higiene personal.
9. Problemas en la escuela.

10. Problemas con la policía.
11. Nerviosismo y estar a la defensiva.

## ¿Qué deben hacer los padres cuando sospechan que hay un problema con la bebida?

1. Enfrentar la cuestión con calma, comprensible, e inmediatamente.
2. Rehusarse a restar importancia al problema, o negarlo.
3. Conversar sobre el comportamiento, y poner normas claras.
4. Establecer normas sin temor de alejar a los hijos.
5. Por el momento no preguntes el por qué ni des clases de moral.
6. Pide ayuda donde esté disponible, recursos confidenciales.

## ¿Cuál es la familia que ayuda a prevenir los problemas de la bebida?

1. Los padres que modelan una moderación constante sin expresar actitudes de espiritualidad.
2. Las normas para el uso del alcohol están claras, bien establecidas, y se está de acuerdo con todas.
3. El beber en exceso y la borrachera no son tolerables, no se les ve como algo cómico, ni como una fase que está de paso en el comportamiento, o que se acepta ocasionalmente.
4. Tomar es visto como algo moralmente neutral.
5. Las familias abstemias no hacen comentarios negativos acerca de otros en la comunidad quienes eligen beber.
6. No se coloca ninguna presión en los miembros de la familia o en los invitados para que tomen o para que no lo hagan.

# CUATRO
# LA CODEPENDENCIA

**¿Qué es un codependiente o un coalcohólico?**
Esta es una persona que vive cerca del alcohólico. La cercanía existe principalmente en la familia, y a menudo en un menor grado en la iglesia, en la escuela, en el lugar de trabajo, o en un grupo reducido. El codependiente empieza a mostrar los síntomas de la *enfermedad* parecidos a los del alcohólico. El codependiente no está enfermo químicamente, pero reacciona en su contacto con el alcoholismo de una manera que no es sana.

Las personas que no son alcohólicas no les gusta ser llamadas coalcohólicas. Aun se resisten a ser llamadas codependientes. La negación es tan real para ellos como lo es para el alcohólico.

**¿Cuáles son algunas de las reacciones típicas de
una familia codependiente?**
1. Los miembros de la familia *niegan* la existencia del problema. Encubren a los alcohólicos y se encubren a sí mismos. "¡Nuestra familia está bien!"

2. *Batallas con palabras* son comunes. Los coalcohólicos se justifican, ruegan, amenazan, prometen, demandan, y

dan instrucciones. Ocurre un cambio en el comportamiento. Los bien intencionados 'ayudadores' evitan posibles situaciones sociales que sean bochornosas, se rehúsan a comprar licor, esconden reservas en la casa, miden los niveles de las botellas, encubren, etcétera. Los codependientes tratan de controlar los patrones de beber de los alcohólicos. ¡Estos esfuerzos están condenados a fracasar puesto que los codependientes no pueden curar la enfermedad! En su frustración, pierden su autoestima, se vuelven inseguros, deprimidos, y aun se culpan por la enfermedad de tomar de la otra persona.

3. La familia se vuelve *desorganizada*. El espíritu de para qué sirve esto o lo otro llena a los miembros de parálisis, ira, temor, y culpa. Los hijos se sienten rechazados en esta confusión. Muchos codependientes se sienten como que "están poniendo la otra mejilla," o "caminando más allá de sus fuerzas," conforme continúan resistiendo el comportamiento erróneo del alcohólico. Ellos no buscan ayuda, pero continúan en marcha lenta y desesperada.

4. Las familias se *reorganizan*. Los miembros asumen papeles que no son naturales. Una esposa sobria asume el papel que una vez tenía el alcohólico. Los hijos se convierten en héroes, mascotas, rebeldes, o simplemente se pierden.

5. Ocurre la *separación* de la familia. Se va la esposa. Los jóvenes adultos se salen de la familia para irse a vivir a otro lugar. Si una esposa no puede vivir aparte por razones financieras o cualquier otra cosa, ella se separará emocionalmente. Este retiro interno trae resentimientos, un letargo emocional, y una terrible soledad.

6. *El alcoholismo permanece escondido* bajo la ignorancia, la negación, la vergüenza, la culpa, y el fracaso. Como resultado, cuando ocurre tal separación, las familias fracasan en alertar al pastor para esconder la causa de la discordia.

7. Las *cicatrices* de la codependencia han profundizado en las vidas de los *hijos adultos* de los alcohólicos.

### ¿Cuáles son algunos de los sentimientos comunes en los codependientes o en los coalcohólicos?

Se enciende la *ira* en una relación de amor y odio porque el codependiente no puede separar a la persona de la enfermedad. Muchos tienen dificultades en trabajar efectivamente con las distinciones entre la persona del alcohólico y su conducta. A menudo, el entrenamiento moral en el hogar y en la iglesia mantiene a los codependientes atados a las convicciones de que todo lo que necesita hacer el alcohólico es cambiar o decidir hacer el cambio —esa es una simple cuestión del poder de la voluntad.

*La vergüenza* crece en episodios bochornosos y la inhabilidad de controlar el uso del alcohol. El estar fuera de control es casi lo peor que les puede pasar a los creyentes en el Señor Jesús. Los cristianos asumen que pueden hacer todo a través de la oración y de la fe en Jesucristo. Pero la carne continúa afectando el crecimiento cristiano, y pocos miembros de las iglesias son lo suficientemente abiertos y honestos para admitir este estado espiritual. En su impotencia se sienten sin ningún valor y avergonzados.

Sentimientos *lastimados* se convierten en argumentos amargos, deteriorando la salud, despreciando, abusando, y disminuyendo sus expresiones de amor.

El *temor* es producido por la presencia de relaciones en las que no se pueden confiar, por las ocasiones del abuso verbal, y por el aumento de la inseguridad financiera.

*La soledad* cierra la comunicación significativa. Sin amor y sin alimento, cada uno en el triste drama del alcoholismo se vuelve aislado, destruido, y un introvertido depresivo.

### ¿Es el codependiente el responsable de la enfermedad del alcohólico?

¡No! Los problemas en el matrimonio, las presiones en los lugares de trabajo, y todas las otras enfermedades comunes no producen el alcoholismo. Especialmente a las esposas, y aun a los hijos inocentes, se les hace sentir culpables por el alcohólico manipulador. Todos los codependientes deben saber aun más allá de la sombra de la duda que ellos no son responsables por el alcoholismo y los disturbios de la familia. Seguros en este conocimiento, pueden empezar a ejercitar el amor desprendido, el cual es uno de los primeros pasos en el proceso de la sanidad del codependiente.

### ¿Es prudente que un codependiente tome con un alcohólico que niega que lo es?

No. El amor por el bebedor enfermo demanda acción. Una manera de romper su negación es el poner un ejemplo de libertad de la química. Libertad, contentamiento, y paz sin el uso del alcohol envía un mensaje poderoso, sin necesidad de hablar al alcohólico. Tal serenidad incrementa su nivel de dolor.

### ¿Por qué los codependientes necesitan ayuda de afuera?

Los codependientes están fuera del alcance con los hechos de sus propias vidas. Fracasan en ver cómo las defensas personales mantienen encerrado al yo en la hostilidad, auto-compasión, enojo, y soledad. Sin querer se han vuelto parte de la enfermedad.

### ¿Cómo los cristianos objetivos e interesados ayudan a apoyar a los codependientes?

Sujetos a la manipulación, falsa representación, y al impredecible comportamiento del alcohólico, el codependiente a menudo pierde la confianza en sí mismo y cuestiona su percepción de la realidad. Una tercera persona objetiva ayuda al codependiente a que vuelva a ganar una perspectiva y una fortaleza interna.

Aquellos que desean ayudar a los codependientes pueden:
1. Anime a los codependientes a que se expresen abiertamente, y sin restricciones, sus sentimientos malos.
2. Escuche cuidadosamente, evite las frases superficiales y las que no son efectivas (por ejemplo "Sé como te sientes" [al menos que la persona tenga la experiencia

de haber pasado por la misma situación], "Tu esposo, [o esposa, o padre, o lo que sea], no puede hacer nada", "Los cristianos deben de amar a aquellos que son difíciles de amar", o "Sólo necesitas orar [o confiar, o amar] más".)

3. Asista a las reuniones de AA con el codependiente en lugar de decirle que es urgente que él vaya. La simpatía verdadera y piadosa demanda una acción.

4. Ayude a la persona a que localice consejeros profesionales, y ayúdelo a que se ponga en contacto con esas personas.

**¿Cuáles son algunos de los fundamentos que deben aprender los codependientes para poder recuperarse?**

Hay tres fundamentos. Primero, los coalcohólicos necesitan tener un conocimiento de la enfermedad del alcoholismo. Segundo, necesitan decir cuáles son sus necesidades personales, trabajando en su fortaleza interna para ser capaz de amar en lo más difícil. Tercero, ellos deben aprender y ejercitar el coraje para arriesgarse a ser rechazados, a la ira, y a los malos entendidos. Las esposas, los padres, las hermanas, los hermanos y los hijos lastimados por el alcoholismo experimentan emociones distorsionadas y se involucran sin remedio en la vida confusa del alcohólico —se envuelven tanto, que ignoran las necesidades personales.

**¿Qué es un facilitador?**

Un facilitador puede ser un niño, esposo(a), amigo, compañero de trabajo, un clérigo, doctor —cualquiera que sin querer le facilita al alcohólico que continúe bebiendo—. Un buen ejemplo de un facilitador sería la mujer cuyo esposo se ha enfermado por tomar y se ha desmayado y caído en el piso a las 3:00 A.M. No solamente limpia la suciedad y lo coloca en la cama, sino que coloca el despertador a las 6:00 A.M. para poder llamar a su jefe disculpándolo por no presentarse al trabajo.

Los facilitadores tratan de ayudar, pero generalmente lo hacen de la manera equivocada. Excusas, encubrimiento, negando la existencia del alcoholismo, aun asumiendo responsabilidades por el alcohólico, estos son algunos ejemplos de facilitar. Mientras que el codependiente piensa que está siendo de ayuda, lo que está haciendo es sólo aplazando el *inevitable* encuentro con la realidad de su adicción. Un facilitador puede justificar que el alcohólico beba atribuyendo su deseo de beber a las presiones de su trabajo, o al hecho de que debe almorzar todos los días con personas que toman. Cualquier acción que proteja al alcohólico de experimentar las dolorosas consecuencias de su consumo abusivo de la bebida lo habilitará al mismo tiempo para seguir bebiendo y para deslizarse bien profundo dentro de la confusión y finalmente la muerte.

Los facilitadores son codependientes. El grado de involucramiento personal, la naturaleza y la intensidad de la relación personal entre el facilitador y el alcohólico, determinan la intensidad de la dependencia negativa que muestra el facilitador. En otras palabras, una esposa, hijo, o padre es más codependiente que un jefe de trabajo o que un amigo.

### ¿Es el amor facilitador completamente malo?

Las acciones facilitadoras son negativas; lo único que hacen es continuar y profundizar el problema. Pero nunca se le debe de catalogar al facilitador como malo. Muy a menudo hay mala información acerca de los facilitadores. Generalmente actúan de la manera en que lo hacen porque ellos han sido enseñados que las personas que "aman" son las que aceptan, animan, y ayudan. Las familias se supone que deben cuidar de sí mismas. La sociedad anima y alaba la excesiva responsabilidad de los que cuidan, especialmente en las mujeres. Se espera que las mujeres sostengan y no que abandonen y que los hombres protejan, y no que expongan. El facilitador simplemente está trabajando para suplir las demandas de la sociedad —y de la iglesia—, en donde a menudo se conoce muy poco acerca de la realidad del alcoholismo.

### ¿El amor cristiano no requiere que uno ayude?

Sí. Pero el facilitar no es amor cristiano, sin importar la manera en que se vea. Un "amor" que facilita no es un amor honesto; pues engaña, cubre, perpetúa la mentira de la normalidad. Debido a que se rehúsa a aceptar la realidad, sólo se cultiva un ambiente en el cual la enfermedad del alcoholismo puede continuar creciendo.

### ¿Cómo puede uno dejar de facilitar?

La mejor manera es aprendiendo a apartarse. No se sienta culpable de los esfuerzos pasados para facilitar, los cuales fueron motivados por el amor. Recuerden que cuando uno vive con una persona que es adicta, uno debe aprender el amor tenaz. Es el momento para ser duros, no suaves; fuertes, y no cómplices. Es el momento de intervenir positivamente, y no de esconderse negativamente. Es el momento para aprender a apartarse.

### ¿Qué es apartarse?

Al apartarse a menudo se le llama "amor tenaz". El amor tenaz no significa que no tiene cuidado, que desecha o que denuncia con enojo. Apartarse es aceptar el hecho de que el codependiente no puede ajustar el hábito del alcohólico. Se vuelve atrás de lo que lo une emocionalmente al alcohólico mientras trata de aprender acerca de la enfermedad de los alcohólicos. Los sentimientos de frustración, temor, ira, y culpa son arreglados gradualmente. La persona que se aparta empieza a interesarse de una manera diferente.

El amor que se aparta es fuerte y se arriesga al rechazo. Pacientemente continúa amando. Es una esperanza que se puede encontrar la sanidad. El "amor apartado" le permite al alcohólico experimentar los feos resultados por tomar. El amor apartado entrega al alcohólico en las manos de Dios, con la seguridad de que El toma a cualquiera que es soltado. El amor apartado es un amor que suelta y que nunca deja ir al alcohólico. Es una paradoja extraña pero también es una bendición.

**¿Por qué debe aprender a apartarse un facilitador?**
1. El alcohólico debe aprender a vivir con las consecuencias dolorosas de su hábito de tomar. El ayudarlo a que continúe tomando lo previene de esto.
2. El facilitador debe apartarse para poder enfrentar los sentimientos de desilusión, frustración, y fracaso los cuales surgen de su convencida inhabilidad para "ajustar" la vida del alcohólico.

**¿Cuáles son las personas que encuentran mayores dificultades para aprender a separarse?**
1. Las personas que son extremadamente concienzudas, a menudo prestan atención a las necesidades de los demás mientras descuidan sus necesidades personales.
2. Las personas que ven la vida en términos de cosas que debes hacer y que no debes hacer. Estas personas dominadas por los reglamentos tienden a ignorar y a condenar los sentimientos personales y las necesidades emocionales.
3. Las personas rígidas que parece que son incapaces de considerar abiertamente otras alternativas para pensar y sentir.

# CINCO
# LA INTERVENCION

### ¿Qué es la intervención?

La intervención es la presentación de los hechos al alcohólico, en forma honesta y objetiva, por las personas interesadas. La intervención presenta la realidad de manera que la
pueda *percibir* una persona que no está en contacto con ella.
Aun si los alcohólicos estuvieran dispuestos a reportar los
hechos, él no posee los hechos que va a dar. El requiere más
que un diálogo de persona a persona.

El alcohólico lleno de vergüenza está cargado con culpa; él
necesita desesperadamente una autoafirmación. En un diálogo de persona a persona, instintiva y hábilmente manipula la
conversación para su beneficio. El utiliza el humor, la ira
"justa" ("¿De qué estás hablando? Sólo me emborracho de
vez en cuando"), una rendición humilde ("Tienes razón, voy
a tratar de mejorar"), o un dolor en silencio. Un equipo de
interventores con interés pueden detectar estas estrategias
manipuladoras mucho más rápido que un solo individuo.
Recuerde, uno nunca debe subestimar el engaño —ya sea
instintivo o intencional— de un alcohólico.

## ¿Es la intervención principalmente, una confrontación moral?

No. Las personas que se preocupan generalmente cometen un error en este punto. Ellos consideran la intervención como una confrontación moral entre cristianos. La intervención trata con la enfermedad, no con las cuestiones morales. Concedido, hay cuestiones morales involucradas con las acciones que tienen lugar en la intervención, pero no es un diálogo moral ni religioso. Solamente se puede tratar con los problemas morales una vez que el tomador esté libre de los efectos del alcohol. Los alcohólicos no comprenden por qué están confundidos moralmente. Generalmente están demasiado enfermos espiritualmente para hacer juicios morales correctos.

## ¿Quién lleva a cabo la intervención?

Cuatro o cinco personas interesadas son escogidas por profesionales para que formen un equipo de intervención. La persona clave es un miembro de la familia que conoce los hechos íntimamente. Esta persona ayuda al profesional a seleccionar a los otros miembros del equipo. El equipo completo estudia para aprender todos los hechos del alcoholismo como una enfermedad. Los miembros del equipo son los "otros importantes" —parientes, hijos, esposo(a), padres, clérigo, amigos cercanos o cualquier persona que sea respetada por el alcohólico. Todos están cuidadosamente preparados para la intervención que se necesitará en algún momento.

## ¿Qué quiere decir el término, "los otros importantes"?

Esta es la persona que el alcohólico ve como muy importante en su vida. Este "otro importante" puede ser la esposa o esposo, un empleado, un amigo. Generalmente esta persona "importante" se convierte en el efectivo catalizador para ayudar a que el alcohólico acepte la realidad de su impotencia y la necesidad de ayuda.

## ¿Cómo los interventores incorporan los aspectos morales en su trabajo?

El objetivo inmediato en el tratamiento de un alcohólico es la abstinencia. La abstinencia de parte de los miembros de la familia a menudo ayuda al alcohólico a alcanzar y mantener la sobriedad. La meta de la abstinencia se comunica mejor enfocándose en la naturaleza principal y carácter progresivo de la enfermedad.

En este momento no es correcto ni prudente discutir las motivaciones morales o religiosas. Es muy probable que el abuso del alcohol haya producido una disfunción profunda en estas áreas. En el momento de la intervención el alcohólico con frecuencia está en la última etapa del alcoholismo, refugiado en la negación, e incapaz de someterse a discusiones religiosas y/o morales.

Las dimensiones espirituales en la vida del alcohólico es lo primero que se deteriora. Así que la primera meta entonces será: separar el alcohólico de la droga. Esto a menudo requiere que sea internado para recibir desintoxicación y tratamiento.

No estamos sugiriendo que no sean relevantes las cuestiones morales. Hay muchos eventos relacionados con el alcohol que pasan a primer plano. Por ejemplo, ha habido violaciones de tráfico. Puede haber habido infidelidad en el matrimonio. Quizás la intervención debe ser colocada en favor de estas cuestiones morales, pero debe recordarse que los eventos por los cuales este *alcohólico en su última etapa* es responsable, deben ser enfrentados en un nivel diferente al diálogo moral entre dos cristianos. ¡Ya está bastante cargado de culpa! El simplemente no puede actuar con una sensibilidad moral.

Es contraproducente dirigirse a él como si su comportamiento inapropiado fuera un pecado voluntario (un acto de su voluntad consciente). En lugar de eso, el pueblo de Dios debe hacer decisiones por él y debe llevarle por caminos de tratamiento y de sanidad.

## ¿Cuál es la preparación específica que hace el equipo de intervención?

Asisten a reuniones abiertas de AA, Al-Anon, y Alateen. (Ver la sección cuarta de la tercera parte para una explicación de estos grupos.) Se les enseña a entrar en el nivel de los sentimientos de los alcohólicos. Aprenden sobre racionalización, proyección, negación, temor, pérdida de autoestima, culpa y otras dinámicas sico-sociales. Aprenden estas cosas primeramente al escuchar a las personas hablar en las reuniones.

Se les enseña que hagan listas específicas del comportamiento del alcohólico. Los hechos son escritos coherente y concisamente. Estas listas de comportamiento inapropiado son leídas sensible y objetivamente en el momento de la intervención. Durante la lectura en la intervención, al alcohólico no se le permite comentar nada, o considerar la lista como una ocasión para discrepar o para argumentar. Las intervenciones requieren un planeamiento cuidadoso. Las intervenciones basadas en el enojo y la ira o preparadas con las razones equivocadas fracasan. Una intervención de ese tipo hace más mal que bien, llevando más al alcohólico dentro de la botella y a los codependientes a la frustración, vergüenza, y desesperación.

## ¿Qué sucede durante una intervención?

La persona que dirige, generalmente un profesional que conoce, que es estable emocionalmente, y que es objetivo, pone las reglas para el procedimiento. Se le pide al alcohólico que escuche, y que no responda, si él interrumpe, objeta, argumenta, o trata de atacar, la persona que dirige lo resiste firmemente. Sólo después que todas las listas han sido leídas, la persona que dirige invita a que el alcohólico haga comentarios.

La lista recuerda incidentes específicos. En lugar de decir, "Pienso que ahora tomas más que antes", uno afirmaría, "Las últimas cuatro cenas de los sábados fueron desagradables porque tu vocabulario fue penoso, y terriblemente fuerte. La semana pasada contaste una historia obscena. Cuando te recordé la historia al día siguiente, negaste haberla dicho alguna vez. Ni siquiera pudiste recordar lo que habías dicho". Evaluaciones del comportamiento cuidadosas, y exactas —y juicios si quiere— se hacen al hablar la verdad en amor.

**¿Qué quiere decir la frase "golpear el fondo"?**

El punto en el cual cada alcohólico golpea el fondo es diferente. Incluidos en golpear el fondo están los siguientes:

1. El alcohólico experimenta una situación dolorosa y traumática como resultado de su forma de beber. Esto puede ser cualquier cosa: malas noticias acerca de su salud después de un examen físico; la esposa se marcha con los hijos; se pierde el trabajo; un accidente automovilístico; cualquier cosa que cause un dolor intenso.

2. La familia del alcohólico y sus amistades permiten que este dolor permanezca agudo, sin alivio, y que sea constante. El dolor a menudo rompe el engaño de la persona que toma, "Puedo soportar el alcohol". Es cierto, el dolor es el mejor amigo del alcohólico.

3. El alcohólico lastimado y sin ayuda va más allá de sí mismo en un acto de confianza redentora. Los cristianos saben que Jesús puede volver a unir una vida que estaba quebrada, y calma los dolores de muchas heridas. El todavía elige a los débiles, los despreciados, y los quebrantados. En esta obra de amor que redime, él a menudo utiliza a personas para que ayuden a otras personas.

4. El alcohólico se da por vencido y deja que Dios tome control. La sanidad y la recuperación empiezan en ese mismo momento.

Una intervención que se hace con conocimiento, pacientemente y con compasión crea dolor, muestra un amor tenaz, y crea una situación segura para que el alcohólico golpee el fondo. Cuando el dolor por continuar tomando alcohol es mayor que el de no tomarlo, el tratamiento se convierte en una elección real para el alcohólico.

### ¿Cuál es la diferencia entre un juicio honesto y enjuiciamiento?

Hay dos maneras de hacer juicios. El primero, el enjuiciamiento, respira un espíritu negativo. Habla a las personas desde una posición de superioridad. Aleja, rechaza, condena, y pone a la defensiva a las personas lastimadas. Las reglas son más importantes que las personas. A las personas lastimadas se les prueba que "están equivocadas" y el acusador es vindicado en su justicia.

El juicio honesto, por el otro lado, respira un espíritu positivo de simpatía que surge de un interés sensible por la persona que está siendo evaluada. Las evaluaciones honestas son más que declaraciones correctas de los hechos. Estos juicios son positivos, aceptan, se preocupan, y están dirigidos a la persona. Aun si las normas bíblicas han sido violadas, se le hace sentir a la persona que es aceptada, que se preocupa uno por ella, y que es digna de recibir amor. El pecado es rechazado, ¡pero nunca el pecador! Las prácticas se critican abiertamente, pero la persona es abrazada con un amor de aceptación.

En una intervención en donde se hacen juicios honestos, el espíritu de Cristo debe de ser evidente. Debe haber entendimiento, compasión, aceptación, ánimo, y esperanza. Los interventores hacen que los alcohólicos se sientan visiblemente cómodos, pero lo hacen en el espíritu de Jesús.

### ¿Cómo Jesús evitó el enjuiciamiento?

En su conversación con la mujer samaritana (Juan 4:7-26) él estaba aceptando, estaba abierto, y simpatizaba antes de mencionar los problemas matrimoniales de ella. En Juan 8:3-11, él calladamente protegió a la mujer adúltera, escribió en la arena, y despidió a los que la acusaban antes de decir, "Vete y no peques más". Sus ojos reflejaban una mirada de aceptación hacia Pedro en la confusión de su negación. El fue paciente con sus discípulos en el aposento alto quienes querían el primer lugar en el reino mesiánico.

El espíritu del Buen Pastor debe estar presente en todo el proceso de la intervención.

## ¿Cuál es el mejor lugar para llevar a cabo la intervención?

Las circunstancias a menudo dictan el lugar; se debe escoger un lugar donde el alcohólico se sienta menos amenazado: su casa, la casa de su mejor amigo, o en el consultorio de un consejero, o aun en la propia oficina del alcohólico. El estudio del pastor, por causa de que simboliza la autoridad religiosa, probablemente no sea una buena elección. El alcohólico tiene temor de la autoridad religiosa debido a su culpa agobiante.

## ¿Cuál es el lugar de la oración en la intervención?

El Espíritu Santo guiará si es que una oración formal y audible es apropiada en el momento. Una pregunta que debe hacerse es si el alcohólico está demasiado enfermo y confuso para que tenga sentido el orar por él. La pregunta no implica que el entendimiento debe acompañar a la oración para que el acto sea efectivo y aceptable ante Dios. ¡Cualquiera que ha orado por un paciente que está en estado de coma y que ha visto el milagro de la mejoría instantánea lo sabe mejor que nadie! Esta pregunta se relaciona con la escena de la intervención, la cual a menudo está cargada con mucho dolor, emoción, y una tensión extrema.

La oración es el ingrediente esencial para la sanidad. El equipo durante todo su tiempo de preparación colocará a la persona enferma en las manos del Señor, nuestro sanador. La intervención crea la estructura en la cual se mueve el Espíritu de Cristo. El se mueve en la presentación de los hechos, a través de las personas que se preocupan, en las lágrimas de dolor, en los comentarios, en los silencios pacientes, en las muestras de enojo, y en las oraciones que no se exteriorizan.

*Impotencia* es la palabra clave de la intervención. Tanto el alcohólico como los que intervienen están impotentes ante el alcohol. En esta impotencia es que viene el Señor poderoso y sanador. El sana a los interventores que están lastimados y frustrados, al igual que al alcohólico. El Espíritu de Jesús se mueve soberanamente y deja en claro, a su manera, si es apropiado hacer una oración audible. Confía en El. El siempre está adelante de nosotros con sus bendiciones.

## ¿Cómo termina la intervención?

El equipo ha acordado un orden de acción antes de la intervención. El equipaje del alcohólico está preparado, una cama se ha reservado, se ha elegido un consejero, un vehículo y un chofer están esperando; todo está listo para lo que la esperanza ha albergado que suceda: el reconocimiento del problema por el alcohólico y las decisiones subsiguientes de buscar ayuda. Estas cuestiones han sido decididas durante las etapas cuidadosas de planeamiento antes de la intervención.

Algunas veces el alcohólico se marcha enojado, haciendo parecer que la intervención ha fracasado. Es desilusionante. Esto sucede sin importar lo que con cuánto cuidado se ha preparado por el equipo y la habilidad de la persona que lo dirigía.

La salida del alcohólico enojado no significa que la intervención haya fracasado. Meramente ha fracasado en alcanzar su meta inmediata. Todos han aprendido algo. El equipo, y especialmente el alcohólico, nunca volverán a ser los mismos. La intervención "sin éxito" se ha convertido en el proceso de sanidad. El amor es paciente, todo lo cree, todo lo espera. ¡El Señor está en control!

Una intervención también puede concluir con el alcohólico rechazando obstinadamente ir a un tratamiento. Puede que haya algún enojo, que puede durar por algún tiempo. Pero espere. Tenga paciencia. Los enfermos sanan, y la ira con el tiempo se convertirá en gratitud.

Los interventores sensibles tratan de restaurar la autoestima dañada del alcohólico. Puede que él escoja otra ruta para sanar. El equipo respetará sus deseos y tratará amablemente con las promesas, aun cuando hayan sido hechas en la debilidad. Con fuerza y con un amor empatético, cada miembro del equipo tratará de ayudar a que la persona elija la mejor opción. El equipo recordará que su elección no es el único camino a la recuperación. Aquí también, ¡la vida es una aventura! El tomar riesgos es parte del amor. Dejen que el Espíritu del Señor lleve la delantera.

### ¿Cómo la comunidad cristiana puede facilitar la intervención?

Las iglesias son comunidades de sanidad. Los miembros pueden ser reclutados para ministerios especiales en las vidas quebrantadas que están involucradas en el alcoholismo. Muchas iglesias han organizado y entrenado a Equipos de Alcance a las Familias que están listos para servir a aquellos que están atrapados en la dependencia química.

### ¿Qué es un Equipo de Alcance Familiar?

Es un equipo de cinco a veinte personas que están comisionadas por la iglesia para llevar a cabo un ministerio especial entre las familias afectadas por el alcoholismo y la codependencia. El equipo está diseñado para ayudar a aquellos de la iglesia y de la comunidad.

Los miembros del Equipo de Alcance Familiar son entrenados al menos por seis meses antes que ellos sirvan en el equipo. Se entrenan para obtener conocimiento acerca del alcoholismo y la dependencia química, entender los problemas de la codependencia, aprender el arte de escuchar y también a identificar las agencias y las personas en la comunidad que pueden ayudar. Los miembros del equipo aprenden a tratar con la negación, bajar las barreras de la vergüenza, reducir las cargas de la culpa, y proveer apoyo a aquellos que están atrapados en el mundo confuso de la adicción y de la codependencia. Ellos practican los principios de anonimato y confidencia, los cuales son vitales para crear una relación de confianza. También aprenden a separarse, a entender que no pueden "componer" a nadie. Los equipos no diagnostican ni practican la consejería, pero ellos unen a las personas y a los profesionales.

Generalmente un equipo se reúne dos veces al mes por dos horas para renovar su entrenamiento. Leen materiales actualizados, ven películas, escuchan conferencias, visitan centros de tratamiento, y asisten a las reuniones abiertas de AA, Al-Anon y Alateen.

Una excelente guía para crear esta clase de equipos es *The Trainig Manual* (El manual de entrenamiento), por el doctor Richard. E. Grevengoed, Executive Director of the Christian Care Center (2325 177th St., Lansing, Illinois, 60438, 708-895-7310 o 1-800-248-7060).

### ¿Hay pasajes bíblicos que ayuden a los interventores?

Sí. Pablo claramente menciona cómo los cristianos, dirigidos por el amor de Dios, se deben presentar ante otros. "Ninguna palabra corrompida salga de vuestra boca, sino la que sea buena para la necesaria edificación, a fin de dar gracias a los oyentes.... Quítense de vosotros toda amargura, enojo, ira, gritería, y maledicencia, y toda malicia. Antes sed benignos unos con otros, misericordiosos, perdonándoos unos a otros, como Dios también os perdonó a vosotros en Cristo" (Efesios 4"29, 31-32).

Cuando un alcohólico le entrega su vida y su voluntad a Dios, él necesita desesperadamente un compañerismo de amor y de aceptación que le ayude. Son muchos los alcohólicos en recuperación que reportan que recibieron compañerismo y aceptación de los AA, pero que la fraternidad de la iglesia permaneció cerrada a sus necesidades más profundas de entendimiento y de sanidad. La necesidad de un discipulado de sanidad es tan urgente ahora como lo era en los tiempos peligrosos que experimentaron las iglesias del Nuevo Testamento.

# SEIS
# EL PAPEL DE LA IGLESIA

**¿Hay muchas familias con problemas de
alcoholismo en la comunidad de la iglesia?**

Hay más alcohólicos en la comunidad cristiana de los que
pensamos. Uno de cada siete tomadores cae en el alcoholismo. Esto es verdad tanto dentro de la comunidad cristiana
como fuera de ella. Debido a una ignorancia voluntaria de los
hechos de esta enfermedad, las familias cristianas con problemas graves no están obteniendo la ayuda que necesitan
urgentemente.

**¿Cuáles son las sugerencias positivas que
existen para ayudar a los codependientes?**

1. ¡No empiece con el alcohólico! Sino más bien, aprenda
tanto como pueda acerca del alcoholismo. Estudie esta enfermedad.

2. Asista a reuniones abiertas de los AA, y cualquier otro
programa relacionado con la comunidad o con la iglesia con
respecto al alcohol o las drogas. No se preocupe por ser visto
por otros en estas reuniones.

3. Reconozca que está involucrado emocionalmente. Un autoexamen es necesario al igual que una discusión abierta con sus amigos de confianza y con su pastor. No se descorazone. El alcoholismo ha tomado mucho tiempo en desarrollarse y la recuperación no va a llevarse a cabo de la noche a la mañana. No se sorprenda de las promesas que no se cumplen. Y continúe cuidando de usted mismo.

4. Aproxímese al alcohólico sólo cuando esté sobrio. Hable con él cuando esté en la "resaca", poco después de haber estado borracho, cuando siente remordimientos y está deprimido.

5. Trabaje en el área de "apartarte". Ubícate más allá de las reacciones de conducta. Sea objetivo, reporta los hechos tan calmada y objetivamente como sea posible.

6. Explique la naturaleza de la enfermedad del alcoholismo a los hijos. Trate de evitarles el trauma de ver a su padre intoxicado. Informe a la policía y aun a los cantineros de la situación si es que siente que esto le va a evitar incidentes dañinos y embarazosos.

7. Encuentre a un patrocinador de Al-Anon (ver Parte tres, Sección dos) para que le ayude a practicar el arte difícil de "apartarte". "Suéltelo y deje a Dios que lo haga" este no es ni un concepto ni una acción fácil. Gracias a Dios que hay personas que están dispuestas a ayudar. Continúe buscando hasta que encuentre a un patrocinador compatible.

### ¿Cuáles son las cosas negativas que hay que evitar?

1. No empiece con clases de moral, no regañe, ni predique. Aun las apelaciones emocionales ("Si me amas...") no son efectivas. Aunque tales acciones son más comprensibles, asumen equivocadamente que el alcohólico puede controlar el consumo de bebida.

2. No permita que el tomador le manipule ni que se quiera pasar de listo. Esto sólo estimulará la evasión de su responsabilidad y la disminución de su respeto por usted.

3. Evite conseguir promesas que de seguro no se van a cumplir. Promesas hechas sin dificultad y rotas rápidamente,

intensifican los sentimientos de culpa y de vergüenza. Para poder sobrellevar este dolor, el alcohólico volverá a tomar. El tomar aumentará su dolor interno lo cual lo llevará a beber más. Y su vida se hunde más en el pantano de la confusión y la desesperación.

4. No encubra al alcohólico ni se disculpe por él. Esto es extremadamente difícil para los miembros de la familia que están dependiendo financieramente de las entradas del tomador. Busque información acerca de los programas de asistencia al empleado.

5. Nunca utilice a los hijos como un arma para "atrapar" al alcohólico. Evite la tentación de hacer el papel del mártir que siempre sufre. No alimente la ira. Recuerde, usted es el mejor recurso de ayuda y de esperanza para el alcohólico.

6. Utilice el sentido común, busque ayuda de afuera, y aprenda a actuar ahora mismo. El alcoholismo sólo empeora. Aunque parezca que deja la bebida temporalmente, no es cierto. El no hacer nada es la peor elección que puede hacer. Sin dirección y asesoría esta enfermedad termina en la locura o en la muerte.

**¿Cómo pueden equiparse los pastores, ancianos, y otros líderes de la iglesia para tratar con los problemas del alcoholismo en sus iglesias y aun más allá?**

Las cualidades mencionadas en 1 Timoteo 3:1-7 y en Tito 1:5-9 son precisamente las que se necesitan para poder saber resolver muchos problemas con los que uno se encuentra al enfrentar el alcoholismo. Timoteo y Tito nos recuerdan que los ancianos, pastores, y todos los líderes-siervos en la iglesia deben de ser, "sobrio, prudente, apto para enseñar, no dado al vino, amable, que no sea un neófito". Las actitudes nacidas de "no dado al vino" lo ayudan a uno a considerar objetivamente la decisión personal de tomar o de abstenerse de hacerlo. "Apto para la enseñanza" implica el conocimiento del alcoholismo y de su carácter fuerte complejo, y confuso.

El cuidar a los alcohólicos y sus familias demanda una delicada sensibilidad. Finalmente, la madurez que viene con "no ser un neófito" lo prepara a uno para esperar un cambio con paciencia, perseverancia y oración.

### ¿Qué pasa si el alcohólico se rehúsa a ayudar?

Si el alcohólico continúa negándose y se rehúsa a ayudar, el enfoque del líder espiritual debe cambiarse a la familia. Sus actitudes y acciones han sido dolorosamente influenciadas por el comportamiento del alcohólico. Necesitan ayuda. Son llamados coalcohólicos no porque beban, sino porque sus vidas han sido deformadas por el alcoholismo.

### ¿Deberían ser sacados de la membresía de la iglesia los alcohólicos que persisten voluntariamente?

La disciplina cristiana formal, que se ejercita fielmente, es esencial en el crecimiento cristiano saludable. Los líderes deben enfatizar las afirmaciones de Cristo en los miembros de la iglesia. La disciplina de la iglesia bajo la autoridad de Jesús es para *disciplinar* al miembro de la familia de Cristo.

La meta de la disciplina de la iglesia no es la excomunión, la cual es una separación formal de la iglesia en el nombre de Cristo. La meta de la acción disciplinaria es la *redención, la restauración, y la restitución.* A las personas que se les ha puesto fuera del compañerismo de la iglesia se les busca con compasión, de la misma manera que lo hace el pastor que deja a las noventa y nueve ovejas que están seguras y arriesga todo por salvar a una. *Los "perdidos", cuando son encontrados, pueden sentir fácilmente si el que los "encuentra" viene con un espíritu de compasión o de condenación".*

Tristemente, la anulación de la membresía de una iglesia suele suceder con frecuencia, pero el acto de terminar con esa relación debe venir después de un proceso largo de amor paciente. Si el alcohólico continúa rehusándose a buscar ayuda para su enfermedad, la terminación de ciertos privilegios y ciertas relaciones son necesarios por el bienestar de la salud espiritual de la iglesia, y en especial por el bienestar espiritual del alcohólico y de su familia. De la misma manera que un jefe no despide a su empleado por tener esa enfermedad, sino por su negación a buscar la ayuda necesaria, de igual manera la comunidad cristiana no debe excluir a una persona de la comunión por causa de la enfermedad, sino por rechazar la ayuda. El punto crítico de esta cuestión es el rechazo voluntario a pedir ayuda. Tal rechazo puede precipitar los procedimientos de una disciplina formal.

Nótese el uso de la palabra "puede". Esta palabra ha sido escogida por consejo, no porque deseemos restar importancia a la responsabilidad de ejercitar la disciplina formal, ni porque el alcohólico esté más allá de poder funcionar como un cristiano responsable. El alcoholismo es engañoso, astuto y poderoso. Una persona puede estar tan mal químicamente en su percepción de la realidad que se le debe tratar como una persona trastornada mentalmente. El alcohólico crónico está más allá de funcionar correctamente y es incapaz de hacer una decisión moral así como de recibir o de rechazar una intervención de ayuda. Por lo tanto el proceso disciplinario debe proceder lentamente. La adjudicación debe hacerse cuidadosamente. Lo que va a suceder es que el alcohólico va a recibir inevitablemente la ayuda que necesita y regresará a la comunidad de los creyentes, o si no, él continuará tomando. Mientras se está esperando la sanidad, el pueblo de Dios debe orar y apoyarse en la misericordia de Dios.

Los miembros de la iglesia deben tomar los mismos pasos que el alcohólico en recuperación. El primer paso es: *Admitir que estamos impotentes ante el alcoholismo del hermano y que no estamos capacitados para controlar su vida.* Es nuestro llamado hacer lo que podamos, y después entregárselo a Dios, cuyo juicio está lleno de gracia y cuya gracia es justa.

# TERCERA PARTE

## El viaje hacia la recuperación

### UNO: Programas de tratamiento

¿En qué momento empieza la recuperación del alcoholismo? ◆ ¿Qué tratamientos están disponibles para el alcohólico? ◆ ¿Cuál tratamiento es el más efectivo? ◆ ¿Qué tan intenso es un programa para internos? ◆ ¿Qué clase de tratamiento se le da al paciente que está internado? ◆ ¿Cuál es el único enfoque del tratamiento efectivo del alcohólico? ◆ ¿Qué ayuda hay disponible para las familias de los alcohólicos y los codependientes?

### DOS: Alcohólicos Anónimos (AA)

¿Qué son los Alcohólicos Anónimos? ◆ ¿Cuáles son algunos malentendidos que las personas tienen acerca de los AA? ◆ ¿Cómo empezaron los AA? ◆ ¿Es alguna sociedad religiosa los AA ? ◆ ¿Qué quieren decir los AA con "espiritualidad"? ◆ ¿Qué lecciones espirituales se aprenden en los AA? ◆ ¿Tienen un credo formal los AA? ◆ ¿Cómo alcanzan la sobriedad los alcohólicos en AA? ◆ ¿Cuáles son los Doce Pasos de los AA? ◆ ¿De qué se trata las reuniones de los AA? ◆ ¿Qué es un patrocinador de AA? ◆ ¿Por qué es importante que una persona en recuperación se relacione con un patrocinador? ◆ ¿Cuáles son los problemas específicos que un miembro de AA discute con su patrocinador? ◆ ¿Cómo tratan los AA con la vergüenza y la culpa? ◆ ¿Por qué la mayoría de los miembros de AA tratan con el enfoque siquiátrico del alcoholismo como algo sospechoso y sin eficacia? ◆ ¿Por qué muchos miembros de los AA tienen problemas con la religión, los clérigos, y la iglesia? ◆ ¿Por qué tienen recaídas los alcohólicos?

### TRES: Al-Anon y Alateen
¿Qué es Al-Anon? ◆ ¿Qué es Alateen? ◆ ¿Por qué son organizaciones separadas AA, Al-Anon, y Alateen?

### CUATRO: AA y la iglesia
¿Cómo ayudan los AA a los cristianos a tratar con el alcoholismo? ◆ ¿Debe testificar un alcohólico cristiano en una reunión de AA? ◆ ¿Por qué hay muchos cristianos que siguen cuidadosamente el programa de AA? ◆ ¿Es un obstáculo para los cristianos alcohólicos el lenguaje obsceno a menudo utilizado por las personas que asisten a las reuniones de AA? ◆ ¿Deberían crear sus propias reuniones los cristianos alcohólicos que están en recuperación? ◆ ¿Experimentan confusión muchos de los cristianos que asisten a reuniones regulares de AA? ◆ ¿Han sido diseñadas algunas reuniones que tengan un enfoque específicamente cristiano? ◆ ¿Qué clase de tratamiento se utiliza en esos grupos? ◆ ¿Son efectivos los grupos cristianos?

### CINCO: Los cristianos y la recuperación
¿Son los alcohólicos curados instantáneamente en una conversión religiosa? ◆ ¿Cuáles son algunos de los pasos

que puede tomar una iglesia para desarrollar programas educacionales con respecto al alcoholismo y la codependencia? ◆ ¿Por qué es que la frase "en Cristo" tiene un significado especial para aquellos que están en recuperación? ◆ ¿De qué manera los cristianos subestiman y restringen la obra de Cristo en la recuperación? ◆ ¿Cómo es que se relacionan la libertad, las reglas, y el amor con un estilo de vida dirigido por la Biblia?

## SEIS: Cuidado posterior

¿Qué son los grupos de cuidado posterior?◆ ¿Por qué son esenciales estos grupos para la recuperación? ◆ ¿Cuáles son algunos peligros dentro de la recuperación que a menudo se discuten en estos grupos? ◆ ¿Qué es peculiarmente peligroso para los cristianos en las sesiones de los grupos de cuidado posterior? ◆ ¿Cuáles son las condiciones previas para ayudar a otros en la recuperación? ◆ ¿Qué cuestionario corto se puede utilizar para una autoevaluación?

## Apéndice A:  Grupos cristianos de recuperación

Formato sugerido y temas ◆ Variaciones de los Doce Pasos de los AA ◆ Indice de actitudes personales

## Apéndice B: Recursos

Libros ◆ Películas ◆ Organizaciones Nacionales

# UNO
# PROGRAMAS DE TRATAMIENTO

### ¿En qué momento empieza la recuperación del alcoholismo?

Empieza cuando el alcohólico busca ayuda de recursos externos. El alcohólico golpea el fondo. Esto no necesita ser el punto de la ruina familiar, social, financiera, ni física.

Muchas personas en recuperación experimentan relativamente un "fondo alto," uno que implica pocas perdidas. El propósito de la intervención es crear un fondo alto, presentando la realidad de una situación de vida intolerable de tal manera que pueda ser aceptada por el alcohólico. (Ver páginas 99ss.)

### ¿Qué tratamientos están disponibles para el alcohólico?

Básicamente, hay cuatro opciones de tratamiento:

1. Un programa de tratamiento interno en un hospital local o en otro centro de tratamiento para alcohólicos o drogadictos.
2. Un tratamiento donde el paciente no está internado pero se lleva a cabo en un hospital o en otro centro de tratamiento.

3. Un curso privado de tratamiento con un consejero profesional especializado en la adicción al alcohol.

4. Unirse a AA, llevando a cabo diariamente los Doce Pasos (ver página 126 ), y asistiendo a reuniones regularmente.

**¿Cuál tratamiento es el más efectivo?**

Debido a que el alcoholismo se demuestra en formas tan diferentes, esto sólo se puede responder de manera individual, basándose en cada caso y consultando a un consejero con experiencia, certificado, y que sea cristiano. Los programas de veintiocho días para internos son los más intensos, cuidadosamente supervisados, y con el tratamiento de un programa orientado a la familia.

**¿Qué tan intenso es un programa para internos?**

Generalmente toma veintiocho días en un hospital o en un centro de tratamiento. Generalmente involucra a los miembros de la familia en algún momento apropiado y siempre es seguido por la supervisión de un grupo de cuidado posterior. Los programas en las instituciones acreditadas generalmente son cubiertos por el seguro médico.

**¿Qué clase de tratamiento se le da al paciente que está internado?**

1. Desintoxicación, bajo supervisión médica si es necesario.

2. Evaluaciones completas tanto físicas como sicológicas.

3. Terapia de grupo, la cual incluye relaciones con otros alcohólicos bajo la dirección de un consejero profesional.

4. Terapia ocupacional y recreativa.

5. Educación intensiva acerca de la enfermedad y de las dinámicas del alcoholismo.

6. Una relación con los AA con un énfasis especial en las dimensiones espirituales.

7. Tratamiento del mal funcionamiento de la familia del alcohólico.

## ¿Cuál es el enfoque único del tratamiento efectivo del alcoholismo?

El tratamiento efectivo del alcoholismo implica una paradoja difícil. Por un lado, el alcoholismo es una enfermedad bioquímica que surge por una predisposición genética especial. Por el otro lado, el tratamiento efectivo se enfoca claramente en las dimensiones espirituales y morales del alcohólico.

Esta paradoja resalta hechos dignos de considerar. Un alcohólico en recuperación nunca está tan sano para poder regresar al uso del alcohol sin correr riesgos. El *permanece siendo* un alcohólico. Por lo que se sabe hoy día, las características bioquímicas del alcohólico no cambian durante el tratamiento efectivo. No hay ningún suero que inmunice o antibiótico que borre o neutralice la bioquímica o el metabolismo del alcohólico. La pérdida de control ante el alcohol siempre está latente y se vuelve a activar cuando vuelve a tomar.

Por esta razón hablamos de alcohólicos en *recuperación,* y no de alcohólicos *recobrados, curados, o sanados.* La recuperación demanda abstinencia. El don de Dios que sana, libera al alcohólico de tomar activamente, y no de los procesos bioquímico y metabólico que son únicos en él.

Distinciones claras son necesarias en este punto. Si un alcohólico en recuperación piensa o se imagina a sí mismo como recuperado, capaz de volver a tomar moderadamente, él está tomando el primer paso hacia abajo y hacia su anterior atadura. El está "constituido" de tal manera que el alcohol siempre tuerce de manera adversa el control de sus centros espirituales y morales. Las perspectivas maduras, espirituales, y morales ayudan al alcohólico a dominar sus límites especiales.

La paradoja de una enfermedad fisiológica tratada con un énfasis espiritual y moral nunca debe ser resuelta por los esfuerzos intelectuales para tratar de "entender el porqué de las cosas". La sanidad es la obra de la gracia de Dios confome ésta trabaja en la vida de la persona, trayendo crecimiento espiritual y moral.

## ¿Qué ayuda hay disponible para las familias de los alcohólicos y los codependientes?

Al-Anon y Alateen son los grupos mejores conocidos y que están disponibles para ayudar a los codependientes y a las familias de los alcohólicos. (Ver página 133.)

# DOS
# Alcohólicos Anónimos (AA)

### ¿Qué son los Alcohólicos Anónimos?

La definición en los dos siguientes párrafos, la cual se lee en muchas reuniones, quizás sea la mejor descripción de los AA:

"Los Alcohólicos Anónimos son un grupo de hombres y mujeres que comparten los unos con los otros su experiencia, fuerza, y esperanza para poder resolver su problema común y para ayudar a otros a que se recuperen del alcoholismo.

"El único requisito para ser miembro es el deseo de dejar de tomar. No hay tarifas que pagar por la membresía de AA: nos sostenemos con nuestras propias contribuciones. AA no está relacionado con ninguna secta, denominación, grupo político, organización, ni ninguna institución; ni desea meterse en ninguna controversia; ni apoya ni se opone a ninguna causa. Nuestro propósito principal es permanecer sobrios y ayudar a otros alcohólicos a que alcancen la sobriedad".

### ¿Cuáles son algunos malentendidos que las personas tienen acerca de los AA?

Algunos vacilan en recomendar o utilizar a los AA porque ellos piensan que es una reunión de personas sin educación, descuidadas y vulgares quienes se sientan en cuartos llenos de humo de cigarro y cuentan "historias de guerra". Esto está lejos de la verdad. Aquellos que asisten a las reuniones de los AA representan todas las clases de la sociedad. Reunirse con los AA es conocer a un vecino, a un miembro de la iglesia, a un doctor, hasta a un ministro. Información acerca de las reuniones de los AA en cualquier área puede ser encontrada marcando los números de teléfonos que se encuentran en las páginas amarillas del directorio telefónico.

### ¿Cómo empezaron los AA?

AA se fundó en 1935 en Akron, Ohio, por dos hombres identificados simplemente como Bill W., un antiguo corredor de bolsa, y por el doctor Bob S., un cirujano de Akron. Aparentemente, ambos alcohólicos sin remedio, pero descubrieron que podían fortalecer su propia sobriedad al compartirla con otros.

### ¿Es alguna sociedad religiosa los AA?

No, AA no es una sociedad religiosa ni ningún movimiento eclesiástico. Su programa de recuperación incluye sugerencias que reflejan los pensamientos de muchos líderes espirituales.

### ¿Qué quieren decir los AA con "espiritualidad"?

Para un alcohólico que no es cristiano, significa estar abierto para ver la vida de una manera nueva. Es *estar enseñable* o dócil. La espiritualidad es el recibir ayuda fuera del yo para vivir serenamente sin el alcohol. Al permanecer abierto conscientemente y receptivo a las nuevas influencias espirituales, el miembro es levantado de la crisis del alcoholismo.

Para el cristiano que está con los AA, significa estar abierto al trabajo de Jesucristo en el Espíritu. El Espíritu Santo utiliza las experiencias de otras personas que están en recuperación. Saca a los alcohólicos de la prisión de la desesperación y de la desesperanza. La espiritualidad comienza reconociendo que Jesucristo lo encuentra a uno en las historias de las personas que están en recuperación así como en las palabras de la Escritura.

Las personas en recuperación buscan reuniones donde sus necesidades únicas sean mejor suplidas. Ellos reciben rápidamente los conceptos de otros, los examinan, los aceptan o los rechazan, y utilizan los pensamientos que son útiles de manera personal. La apertura de los AA es poco paciente con las personas religiosas que rígidamente están convencidas de que sólo ellos tienen la razón.

La espiritualidad es una mezcla especial de disposición. honestidad, humillación, y humor. Las reuniones de los Once Pasos (ver página 127) son lugares donde uno descubre esta clase de espiritualidad.

**¿Qué lecciones espirituales se aprenden en los AA?**

Al compartir las experiencias espirituales, los miembros aprenden a lidiar con el egocentrismo, orgullo, sueños de control, rápida gratificación de los deseos, resentimiento, temor, culpa, vergüenza, menosprecio de otros, y otros defectos de la vida cotidiana. Las lecciones aprendidas son específicas, prácticas y generalmente dolorosas. Los miembros de AA aprender a vivir honestamente con una humanidad *frágil y limitada* la cual admite los fracasos repetidos y la necesidad de ayuda diaria.

**¿Tienen un credo formal los AA?**

No. Los AA no piden que se acepte ninguna declaración formal ni ningún credo. Sólo necesitan admitir que ellos tienen un problema con la bebida, que desean parar y que quieren ayuda. Una convicción que une a los AA es la fe de que un alcohólico en recuperación, al compartir su experiencia, puede ser efectivo para ayudar a otros alcohólicos.

**¿Cómo alcanzan la sobriedad los alcohólicos en AA?**

A través del ejemplo y la amistad de los alcohólicos en recuperación dentro de AA, a los nuevos miembros se les anima a que se alejen de la bebida "un día a la vez". Los miembros de AA se concentran en la decisión de no beber en este momento, hoy.

Los miembros nuevos también aprenden a seguir un programa de doce pasos, los cuales simplemente declaran la experiencia de un número estimado de un millón de hombres y de mujeres quienes han sido capaces de permanecer sobrios a través del uso de esos pasos. Se les anima a que asistan a reuniones en las cuales ellos pueden compartir los unos con los otros las experiencias relacionadas con el alcohol.

### ¿Cuáles son los Doce Pasos de los AA?

1. Admitimos que éramos impotentes ante el alcohol; que nuestras vidas se habían vuelto incontrolables.

2. Llegamos a creer que una fuerza superior a nosotros puede restaurar nuestra salud.

3. Tomamos la decisión de dar nuestra voluntad y nuestras vidas al cuidado de Dios, *de la manera como nosotros lo entendemos.*

4. Hicimos a un inventario moral de nosotros mismos.

5. Admitimos ante Dios, ante nosotros mismos, y ante otras personas la naturaleza exacta de nuestro mal proceder.

6. Estamos completamente dispuestos a dejar que Dios remueva esos defectos de nuestro carácter.

7. Humildemente le pedimos que remueva nuestros defectos..

8. Hicimos una lista de las personas a las que hemos lastimado, y estamos dispuestos a rectificar ante todos ellos.

9. Enmendamos lo que pudimos directamente con estas personas cuando fue posible, excepto cuando el hacerlo podría lastimarlos nuevamente a ellos o a otros.

10. Continuamos haciendo el inventario de nosotros mismos, y cuando nos equivocamos, lo aceptamos.

11. Buscamos a través de la oración y de la meditación mejorar nuestro contacto consciente con Dios, *de la manera como nosotros lo entendemos a él,* orando por el conocimiento de su voluntad y el poder para llevarla a cabo.

12. Al haber tenido un despertar espiritual como resultado de estos pasos, tratamos de llevar este mensaje a los alcohólicos y practicar estos principios en todos nuestros asuntos.

### ¿En qué consisten las reuniones de los AA?

Los AA están compuestos por más de 42.000 grupos en más de 110 países. Las personas en cada grupo se reúnen, generalmente una o dos veces por semana, para tener reuniones de AA que pueden ser de dos tipos:

1. *Reuniones abiertas* en donde las personas hablan acerca de cómo tomaban, cómo descubrieron AA, y cómo los ha ayudado este programa. Los parientes y los amigos son bienvenidos a estas reuniones.
2. *Reuniones cerradas* son exclusivamente para los alcohólicos. Estas son discusiones de grupos durante las cuales cualquiera puede hablar. En las reuniones cerradas de los AA los miembros pueden obtener ayuda con los problemas personales que surgen debido a los esfuerzos por mantenerse sobrios, un día a la vez.

### ¿Qué es un patrocinador de AA?

Un patrocinador es un alcohólico en recuperación, confiable y del mismo sexo, quien siempre está dispuesto a ayudar al alcohólico que pide sus servicios. El patrocinador tiene varios años de serena sobriedad. Su conocimiento experimentado es una necesidad inmediata y urgente como parte de la recuperación.

### ¿Por qué es importante que una persona en recuperación se relacione con un patrocinador?

En la etapa temprana de la recuperación, y con una intensidad repetida, los deseos de tomar vuelven a mostrar su cabeza de manera atractiva pero mortal. Cuando surge esta necesidad que es agobiantemente fuerte, cuando parece que la abstinencia va a desaparecer, el alcohólico en recuperación necesita un amigo, confiable y con experiencia para que intervenga con un consejo claro, con un amor fuerte, y con un interés que comprenda.

## ¿Cuáles son los problemas específicos que un miembro de AA discute con su patrocinador?

Un ejemplo es el resentimiento, el deseo de poner las cosas en claro por causa de lastimaduras reales o imaginarias. El miembro de AA escribirá un inventario personal y lo compartirá con su patrocinador. Esto implica responder preguntas en detalles, tales como, "¿A quién respeto?" "¿Qué causa el resentimiento que tengo?" "¿Cómo afecta mi resentimiento a mi autoestima, mi bienestar físico, o mi humor?" "¿Acaso mi resentimiento afecta mi evaluación de los demás?" "¿Qué estoy haciendo para sacar este resentimiento de mi vida?" Los miembros de los AA tratan de manera similar con cosas tales como temor, culpa, vergüenza, orgullo, intolerancia, avaricia, autocompasión, la postergación, y muchas otras cosas más.

El hacer un inventario personal y honesto y el compartirlo con un patrocinador es una experiencia dolorosa. Debe ser continua; aquí es donde fracasan muchos cristianos. Han dejado de tomar, pero fracasan en continuar el proceso de sanidad y de entender qué es lo que ha sucedido —y lo que todavía está sucediendo— dentro de ellos como resultado de abusivo consumo de alcohol. "Examíname oh Dios, y conoce mi corazón; pruébame y conoce mis pensamientos" (Salmo 139:23), esta es una oración honesta para aquellos que están trabajando en los pasos cuarto y quinto de los AA.

## ¿Cómo tratan los AA con la vergüenza y la culpa?

Las personas agobiadas tratan con los problemas comunes y aprenden a aceptar sus limitaciones personales de forma honesta y abierta. En una sesión típica dentro de los AA, uno puede escuchar algo como esto:

—¡Realmente no quería tomar cuando lo hacía!

Alguien responde:

—¡Por supuesto! ¡No querías tomar, pero lo hiciste! Tomaste porque eres un alcohólico, no porque tengas una voluntad débil o una moral torcida. Acepta tus limitaciones. Radicalmente somos impotentes cuando ingerimos alcohol. ¡No lo olvides! ¡Especialmente hoy!

Una honestidad similar es descubierta entre los codependientes en grupos tales como Al-Anon y Alateen, los cuales practican los doce pasos del programa.

La culpa no es ignorada. En estas reuniones, los miembros, honesta y libremente hablan acerca de los defectos del carácter y de los hechos que lastiman a los seres queridos. Los inventarios personales son cosas serias. Se hacen listas, a menudo junto con patrocinadores confiables de AA (ver la pregunta previa) Generalizaciones tales como "Todos somos pecadores" no cuentan entre los AA. Muchos están listos para aceptar la ayuda de Dios. La honestidad y la humildad son las armas para derrotar a la vergüenza en el poder disponible del Espíritu Santo. Caminar "los doce pasos" con la ayuda de Jesús es la manera de estar serenamente sobrio y apartado del alcohol de manera amorosa. El don de la sanidad está disponible para todos en Jesucristo.

## ¿Por qué la mayoría de los miembros de AA tratan el enfoque siquiátrico del alcoholismo como algo sospechoso y sin eficacia?

Muchos siquiatras consideran los problemas del alcohol como síntomas de varios desórdenes mentales o emocionales. Algunos aun llaman al alcoholismo un desorden siquiátrico.

Es cierto que cualquier clase de problemas —siquiátricos o alcohólicos— *pueden* ocurrir como resultado uno del otro. El abuso del alcohol durante mucho tiempo puede producir desórdenes en las funciones y en las estructuras mentales. De la misma manera, las personas con problemas siquiátricos algunas veces se recetan a sí mismos el uso del alcohol. Más frecuentemente, sin embargo, la adicción al alcohol y los problemas siquiátricos son fenómenos independientes, y requieren diferentes métodos de tratamiento.

## ¿Por qué muchos miembros de los AA tienen problemas con la religión, los clérigos y la iglesia?

Los alcohólicos que están en la etapa de la negación perciben a Dios como un Dios que no es de amor y que está lleno de ira. Los clérigos y los miembros de las iglesias son vistos como "personas que lo han logrado" en lo que se refiere a la fe en Dios. El alcohólico se odia a sí mismo por "no haberlo logrado". La impotencia y el no poder hacer nada con el alcohol es su único límite. Sin darse cuenta, él proyecta el sentimiento profundo de ser inadecuado para Dios, la religión, o los miembros de la iglesia.

En las reuniones de los AA este odio hacia sí mismos es descubierto gradualmente y se revela por lo que es. Se le ve como orgullo y grandeza. Pero el alcohólico no es criticado, inferiorizado, censurado, o ridiculizado por su ira fuera de lugar. Nadie espera que vea las cosas de manera correcta. El relacionarse con una fuerza superior no es un requisito para ser miembro del grupo.

Por mucho tiempo los miembros de los AA se han arrastrado por el pantano del autodesprecio y del enojo consigo mismos. Ellos escuchan pacientemente, corrigen, animan, y ayudan a que el alcohólico se acepte a sí mismo. La conducta del alcohólico no es aceptada, pero sí la persona que es alcohólica. La sobriedad aceptada, lenta pero efectivamente, conquista los conceptos equivocados y la ira mal fundada.

## ¿Por qué los alcohólicos tienen recaídas?

Recaída (el utilizar el alcohol nuevamente después de un tiempo de abstinencia) sucede porque el alcohólico no va a través del programa de los AA con honestidad, ni con un esfuerzo diario. Este es el testimonio universal de los alcohólicos que recaen, regresan, vuelven a recaer y finalmente perseveran en la sobriedad serena.

El compartir experiencias consistentemente alrededor de las mesas de los AA ayuda a los tomadores a mantener el alcohol lejos de sus vidas, y le dan oportunidad a sus cuerpos, mentes, y emociones para que mejoren. Para evitar las recaídas, ellos empiezan a aclarar los pensamientos confusos para evitar malos sentimientos conforme trabajan en los Doce Pasos de los AA, para recobrarse con más diligencia. También permanecen en contacto con otros miembros entre reunión y reunión para aprender a mantener la sobriedad.

# TRES
# Al-Anon y Alateen

### ¿Qué es Al-Anon?

Al-Anon fue fundada por las familias de los alcohólicos. Es una forma de acción en grupos para ayudar a aquellos que viven con los alcohólicos. En estos grupos, aquellos que viven con alcohólicos aprenden que no son capaces de controlar a la persona que bebe, no importa el gran esfuerzo que hagan. Los miembros de Al-Anon utilizan los Doce Pasos de AA, junto con sus propios lemas. Es un grupo confidencial y anónimo.

Al-Anon puede ayudar a fomentar la confianza y la serenidad de una persona, lo cual le ayudará a tratar mejor al alcohólico y de una manera constructiva y concluyente. El grupo puede ayudar al padre o la madre que no es alcohólico a crear un ambiente relativamente normal para los hijos. Al-Anon puede ayudar a sus miembros a que reduzcan su ansiedad, sus preocupaciones, y su culpa. Al igual que los AA, es un grupo no religioso de personas que enfrentan un problema multifacético común. (Para informes de Al-Anon, escriba a Al-Anon Family Group Headquarters, P.O. Box 182, Madison Square Station, New York, N.Y. 10010.)

### ¿Qué es Alateen?

Alateen es un grupo para personas jóvenes entre los 12 y los 20 años que viven en una familia alcohólica. Es una rama de Al-Anon. En Alateen, hay grupos de discusión, se comparten experiencias, se animan, y aprenden mutuamente las formas efectivas de sobrellevar el alcoholismo conforme afecta la vida de cada persona. Al relacionarse con los demás, los miembros de Alateen aprenden a ejercitar la compasión en lugar de enojarse con los alcohólicos. Aprender a desarrollar una separación emocional, lo cual ayuda en el proceso de madurez. Juntos, los miembros de Alateen tratan de edificar experiencias en la vida que recompensen y que satisfagan por ellas mismas. (Para información sobre Alateen, contacte a la dirección de Al-Anon dada anteriormente.)

### ¿Por qué son organizaciones separadas AA, Al-Anon y Alateen?

Los problemas del alcoholismo y de la codependencia son diferentes, aunque sean similares. Los sentimientos de confusión, vergüenza, falta de esperanza, temor, culpa, y demás son comunes en los miembros de los tres grupos. Pero los caminos a través de los cuales se viaja para llegar a esta miseria son diferentes. Las personas que van por el mismo camino son más capaces de ayudarse los unos a los otros.

También, el anonimato es el mejor medio en el cual se puede practicar ser abierto, la honestidad, y la confianza. Al menos al principio, el trabajo individual que cada miembro de una familia alcohólica debe hacer muy rara vez es terminado si otros miembros de la familia —especialmente el alcohólico— está presente.

# CUATRO
# AA Y LA IGLESIA

**¿Cómo ayudan los AA a los cristianos a tratar con el alcoholismo?**

AA ayuda haciendo disponible, en forma de historia, las experiencias prácticas de los alcohólicos que diariamente aprenden a vivir sin alcohol. Muchos equipos de intervención cristianos, al igual que muchos pastores, le piden a miembros de AA que se reúnan con alcohólicos y con sus familias para que les expliquen el programa de recuperación de los AA.

**¿Debe testificar un alcohólico cristiano en una reunión de AA?**

¡Jesucristo es su fuerza superior! ¡No hay duda al respecto! En las reuniones uno puede escuchar que alguien dice, "Hola, mi nombre es ... y Jesucristo es mi fuerza superior. El me mantiene sobrio todo el día, le agradezco por cada uno de ustedes, porque aprendo de sus experiencias con el programa".

Rara vez se dice más. Pero este silencio no es debido a la cobardía o a la vergüenza. La reserva para hacer énfasis de las afirmaciones de Cristo surge por respeto a su presencia y a su autoridad. Muchos de los alcohólicos en recuperación no están listos para entender un testimonio cristiano.

La confusión espiritual abunda en esas reuniones. Pero después de las reuniones, al tomar una taza de café, el Señor mismo crea la oportunidad, da palabras con una verdad sencilla, y alcanza a las personas para sanarlas. ¡El está en perfecto control!

Una apremiante urgencia por "testificar" puede surgir por inseguridad más que por un amor agradecido. Jesús no necesita nuestras palabras, a veces es condescendiente para utilizar nuestras palabras. El silencio deliberado en las reuniones de los AA pueden ser el fruto maduro de la paciencia en lugar de ser el fruto verde del temor. Cuando se trata de testificar debemos aprender la confianza calmada de "soltar y dejar que Dios actúe". El permanecer abiertos al Espíritu es la manera verdadera de amar y de obedecer.

### ¿Por qué hay muchos cristianos que siguen cuidadosamente el programa de AA?

Los Doce Pasos de los AA describen experiencias cristianas reconocibles utilizando un lenguaje que no es religioso.

—*impotencia para encontrar serenidad:* "Vuélveme el gozo de tu salvación. Y espíritu noble me sustente" (Salmo 51:12).

—*no poder hacer elecciones morales:* "Y yo sé que en mí, esto es, en mi carne, no mora el bien; porque el querer el bien está en mí, pero no el hacerlo" (Romanos 7:18).

—*completa disposición para dejar que todos los defectos sean removidos:* "Mi pecado te declaré, y no encubrí mi iniquidad" (Salmo 32:5).

—*hacer un inventario moral sin temores:* "Examíname oh Dios, y conoce mi corazón; pruébame y conoce mis pensamientos; y ve si hay en mí camino de perversidad, y guíame en el camino eterno" (Salmo 139:23-24).

—*arreglando las situaciones con aquellos a los que lastimamos:* "Si ... tu hermano tiene algo contra ti ... anda y reconcíliate" (Mateo 5:23:24).

—*dándole a Dios toda nuestra vida y nuestra voluntad:* "En Dios solamente está acallada mi alma; de él viene mi salvación" (Salmo 62:1).

—*buscar un contacto consciente con Dios:* "Señor, enséñanos a orar" (Lucas 11:1)

—*habiendo sido despertados espiritualmente, llevando el mensaje:* "Señor abre mis labios, y publicará mi boca tu alabanza" (Salmo 51:15).

### ¿Es un obstáculo para los cristianos alcohólicos el lenguaje obsceno a menudo utilizado por las personas que asisten a las reuniones de AA?

Un lenguaje desagradable no debe ser un obstáculo. El alcohólico cristiano está tan confundido como cualquier otra clase de alcohólico; puede que él lo esté más, porque su manera de tomar viola muchas de sus profundas convicciones religiosas, además, asiste a las reuniones de AA para aprender a estar sobrio diariamente, y no para recibir instrucción religiosa.

Los miembros de AA les piden a los demás que encuentren una reunión en la que se sientan más cómodos. El lenguaje ofensivo generalmente puede ser vencido con paciencia y sensibilidad sin convertirse en una predicación o algo por el estilo. Los alcohólicos en recuperación no están allí para ofender a otros. Ellos van a tratar de modificar su lenguaje cuando se les pida. Pero si esto no sucede, entonces la sabiduría de los AA le aconseja al miembro que se opone al lenguaje a que encuentre otra reunión.

### ¿Deberían crear sus propias reuniones los cristianos alcohólicos que están en recuperación?

Esta puede ser una buena idea. Es cierto que los cristianos necesitan poder hablar abiertamente, pensar, y considerar acerca de Cristo, en sus enseñanzas, sus promesas, y sus mandamientos. Cristo es la *vida* de los creyentes. Es injusto pedirle a personas que no tienen una relación íntima y personal con Jesucristo que entiendan esta relación de fe tan única. En una reunión típica de AA puede que sea inapropiado discutir estas cuestiones utilizando términos que muchos no van a entender. Por estas razones, es necesario que los cristianos encuentren una reunión especial.

Los cristianos se deben dar cuenta, sin embargo, de que los mismos AA proveen la oportunidad para discusiones específicamente religiosas y espirituales. El paso once trata con la oración, un contacto consciente con Dios, un entendimiento de su voluntad. Hay oportunidades sin restricciones para compartir abiertamente. Los cristianos continúan aprendiendo los unos de los otros. En este proceso muchos de los que todavía no conocen del amor de Cristo llegan a escuchar el evangelio genuino por primera vez. Si se tienen reuniones especiales, creo que la asistencia a tales reuniones nunca deben reemplazar la asistencia a las reuniones regulares de los AA.

### ¿Experimentan confusión muchos de los cristianos que asisten a reuniones regulares de AA?

Sí. Algunas de las razones son las siguientes:

1. El programa de los AA no está orientado específicamente para los cristianos, así que es vago de manera deliberada en la terminología de los Doce Pasos. Su programa puede que contenga principios cristianos básicos, pero muchos cristianos creen que Cristo trabaja más directamente en los programas que son explícitamente bíblicos tanto en el lenguaje como en la aproximación.

2. Muchos de los alcohólicos cristianos experimentan un deterioro básico y rápido en sus conceptos y conducta bíblica. El primer aspecto de la vida que se tergiversa por el alcoholismo es una relación con Jesucristo que tenga significado. Como resultado, estas personas están mal equipadas para discernir la verdad del error cuando comparten y cuando escuchan alrededor de las mesas de los AA.

3. Algunos creyentes son incapaces de expresar creencias bíblicas personales en frases tales como "una fuerza suprema", un poder mayor que nosotros", y "Dios como lo entendemos".

4. Algunas reuniones son cínicas y aun anticristianas. Tales reuniones generalmente son dominadas por personas no creyentes que están "enfermos hasta la muerte" con el orgullo.

Si una persona que está buscando entrar a los AA encuentra uno de esos grupos, el consejo de los AA para ellos es que encuentren un grupo diferente que supla sus necesidades.

5. Los cristianos que son alcohólicos necesitan más de lo que AA puede ofrecer —necesitan el apoyo del cuerpo de Cristo. El cristiano alcohólico, aunque esté terriblemente infectado, aún es parte del cuerpo de Cristo.

### ¿Han sido diseñadas algunas de las reuniones para que tengan un enfoque específicamente cristiano?

Sí. Hay grupos tales como los Overcomers (Vencedores), Lion Tamers, Efesios 5:18, Life Ministries, New Wine, y muchos otros creados por las iglesias locales y ajustados a su fe y a sus prácticas. A menudo estos grupos son llamados de cuidado posterior, lo cual se refiere al hecho de que algunas personas que se están recuperando están en una fase después del tratamiento.

### ¿Qué clase de tratamiento se utiliza en esos grupos?

La mayoría de los programas son variaciones de los Doce Pasos de los AA. El grupo de los Vencedores en Melbourne, Florida, utiliza los Doce Pasos Cristianos. Estos pasos son comunes en estos grupos de "Vencedores" en todo el mundo. (Para ejemplos de las variantes de los Doce Pasos de los AA, y sugerencias de los formatos de esos grupos, y los posibles temas de las reuniones, ver el Apéndice A.)

### ¿Son efectivos los grupos cristianos?

Hay cuatro puntos de vista en esto. Un punto de vista es que estos grupos son la mejor manera para que las iglesias traten con los problemas del alcoholismo y la codependencia. Los líderes de estos grupos a menudo relatan historias de sanidad, crecimiento, y bendiciones que los miembros han experimentado.

Un segundo punto de vista es que estas reuniones no tienen efecto alguno. Algunos alcohólicos y sus familias han sentido, correcta o incorrectamente, un espíritu de enjuiciamiento y de orgullo espiritual. Muy a menudo los problemas son resueltos con respuestas muy sencillas y superficiales tales como, "Si la fe de una persona es lo suficientemente fuerte, no se volverá alcohólica", o "si estás clamando las promesas de la Biblia, no hay necesidad de que te sientas atrapado, avergonzado, culpable o temeroso". Tales medias verdades, aunque a menudo son expresadas con sinceridad, causan dolor, aislamiento e ira. Más de unos cuantos codependientes y de alcohólicos se han alejado de la iglesia. O la iglesia se ha alejado de ellos cuando ellos, en camino de la recuperación, utilizan la media verdad "AA ha salvado mi vida".

El tercer punto de vista de estos grupos cristianos es que demasiadas veces, aun cuando no sea intencional, se convierten en debates intelectuales del significado de las Escrituras. Los miembros meramente recogen información de la Biblia permaneciendo sin ser tocados en el nivel de los sentimientos de sus vidas. La intelectualización de la doctrina y de la moral es un problema común en la vida de la iglesia, y ofrece poco o nada de ayuda en la recuperación.

Finalmente, el cuarto punto de vista es que estos grupos es sólo una manera más para que se escondan los alcohólicos y los codependientes. Aquellos que mantienen este punto de vista creen que los cristianos que son alcohólicos y los codependientes deben ser la luz y la sal en las reuniones de los AA y de Al-Anon. Desafortunadamente, los cristianos confundidos y atrapados en la adicción y en la codependencia a menudo no pueden funcionar como la sal y la luz.

Cualquiera que sea el punto de vista que uno tenga de los grupos cristianos, este hecho permanece siendo verdad: El Dios y Padre de nuestro Señor Jesucristo es la fuente que derrama todo el bien, para todos, y en cualquier lugar. Discusiones interminables acerca de a qué reuniones se debe asistir o cuáles se deben crear, nunca deben lograr que dejemos de admitir que necesitamos ayuda, que busquemos tratamiento, que trabajemos en la recuperación, y que bebamos las aguas frescas del amor de Dios que sana.

# CINCO
# LOS CRISTIANOS Y
# LA RECUPERACION

**¿Son los alcohólicos curados instantáneamente
en una conversión religiosa?**

¡Sí! Gracias a Dios, algunos son sanados de esta manera.
¡Los milagros suceden!

Es, sin embargo, igualmente cierto que muchos oran diaria
y sinceramente, y mantienen su fe sin encontrar una libertad
instantánea; sino que son sanados gradualmente en los AA,
conforme Cristo los encuentra y a través de las vidas de las
personas en recuperación, o en centros de tratamiento utilizando el programa descrito previamente.

¡Dios sana de muchas maneras! Es imprudente y no tiene
base bíblica limitar su sanidad exclusivamente al momento
de la conversión religiosa.

**¿Cuáles son algunos de los pasos que puede tomar una
iglesia para desarrollar programas educacionales con
respecto al alcoholismo y la codependencia?**

Varios pasos para desarrollar una respuesta comprensible
se sugieren a continuación. Estos pueden utilizarse como
guías para la acción:

1. Forme un comité de planeamiento que incluya un amplio grupo de personas interesadas, tales como líderes-siervos de todos los grupos que existan en la iglesia: padres, jóvenes, clérigos, ancianos, y especialmente (si es posible) miembros que se están recuperando por medio de AA, Al-Anon, o Alteen. Busque a una persona que haya estado en recuperación efectiva al menos por un año y hable con él o ella. Pregúntele cómo piensa que su iglesia pueda suplir las necesidades de los alcohólicos y codependientes en recuperación.

2. Empiece con un índice de ejercicios de actitud (vea el Apéndice A). Infórmele al grupo que esta no es una prueba, es solamente un ejercicio o un instrumento para ayudar a discernir los sentimientos personales con respecto a las adicciones de todo tipo. Continúe el ejercicio con una discusión abierta. Pero no trate de resolver los desacuerdos. En lugar de eso, trate de descubrir áreas específicas de ministerio.

3. Diríjase específicamente a las cuestiones bíblicas, morales y pastorales relacionadas con el alcoholismo, la dependencia química, y la codependencia. Revise la política existente de la congregación, procedimientos, programas, y recursos disponibles. Algunas iglesias tienen programas bien desarrollados mientras que otras nunca han considerado que esta sea un área propia para la intervención de la iglesia. Muchas iglesias no están informadas acerca de los recursos denominacionales y comunitarios disponibles.

Determine si su denominación o el concilio local tiene una declaración en lo que respecta a estas áreas. Si la tienen, informe al grupo de la posición que se tiene en dicha declaración.

4. Es importante que el grupo desarrolle un entendimiento mutuo de las cuestiones del alcohol para ser efectivo en la planeación de los programas. Aun así, debe tener en cuenta de que a menudo hay disensiones entre los creyentes cuando se refiere a actitudes con respecto al uso del alcohol y el abuso del mismo. Utilice las preguntas y respuestas de este libro como un trampolín para empezar las discusiones y el compartimiento mutuo. Pero no espere hasta que todos estén de

acuerdo para actuar. En lugar de eso, trabaje para ganar un consenso de la mayoría.

5. Descubra los recursos comunitarios que están disponibles para su iglesia. Hay ayuda específica, gratis, de personas preocupadas profundamente en su comunidad, las cuales nunca ve en su congregación. Gracias a Dios que El utiliza a otros aparte de los miembros de la iglesia para sanar.

Visite los hospitales locales y relaciónese con los programas de tratamiento actuales. Hable con los profesionales en su localidad, tanto cristianos como seculares, quienes estén entrenados en las áreas del alcoholismo y la codependencia. Vea si alguno de ellos le puede orientar a recursos de educación efectivos (panfletos, libros, películas, etcétera), o si alguno estaría dispuesto a conducir algunos talleres o seminarios sobre el tratamiento, recuperación, y responsabilidad cristiana de aquellos en la congregación que podrían estar interesados.

6. No trate de volver a inventar la rueda. Un recurso maravilloso para poner en movimiento programas específicos de educación, prevención, e intervención en su iglesia es The Presbyterian Church (U.S.A.), the Synod of Lakes and Prairies, 8012 Cedar Ave. S., Bloomington, MN, 55420, 612-854-0144.

Otras denominaciones tienen ayuda específica disponible, así que trate de hacer contacto con ellos. El alcoholismo y la codependencia no tienen denominación.

7. Empiece ahora, modestamente pero con decisión. Mantenga en mente las veces que Dios le dijo a Moisés, y posteriormente a Josué (Josué 7:10), ¡que dejara de orar y que se pusiera a trabajar! Designe pequeños comités para que estudien, y formulen sugerencias por escrito, y compártalo con el grupo entero para que se discuta y se adopten posiciones. Mantenga a toda la congregación informada del progreso que se está logrando.

## ¿Por qué es que la frase "en Cristo" tiene un significado especial para aquellos que están en recuperación?

La presencia de Dios *en* nosotros derrama una luz especial en las paradojas que experimentan los alcohólicos. Es una cosa preciosa para aquellos que están en recuperación conocer a Cristo y sentir su presencia en sus vidas. Jesús es conocido como Emmanuel, que significa "Dios *con* nosotros". El no está lejos. Pero mientras Cristo habita *en* y *con* el cristiano, El permanece más allá de él. El es más que alguien diferente al cristiano; El es, y siempre lo será, el Señor de señores y el Rey de reyes. Mientras que El amable y tiernamente, clama nuestros temores internos, El permanece "magnífico en  santidad" y "en maravillosas hazañas" (Exodo 15:11). El es capaz de hacer lo que se necesita dentro del creyente en recuperación para llevarlo a la libertad.

### ¿De qué manera los cristianos subestiman y restringen la obra de Cristo en la recuperación?

La confesión "soy un pecador" rara vez es, si es que llega a suceder, escuchada como algo desagradable o degradante. Muchas de las personas de la iglesia, sin embargo, escuchan decir "soy un alcohólico" como algo repelente y horrible. Estas reacciones comunes asumen que Jesús nunca utilizaría la vida de alguien enfermo de alcoholismo para traer a otra persona a la libertad y a la sanidad.

Esta es una conclusión triste. Aísla a Cristo. Ignoran las maneras sorprendentes en que Jesús trabaja. Un alcohólico impotente en una reunión de los AA que busca la sobriedad encuentra allí a Cristo. El Señor está presente en la vida de otro alcohólico en la reunión. *Cristo vive en personas enfermas de alcoholismo así como en las que están sanas.* Los ojos abiertos por el Espíritu Santo ven a Jesús *en* las personas que sufren y que están alcanzando a otras personas que también están sufriendo. Estas son maneras extrañas de sanar, pero, gracias a Dios, que sus caminos son mayores que nuestros caminos.

### ¿Cómo es que se relacionan la libertad, las reglas, y el amor con un estilo de vida dirigido por la Biblia?

1. Jesucristo nos hace libres. No necesitamos obedecer reglas de conductas para ser aceptables (justificados o libres

de culpa) ante Dios. La fe en Jesús nos justifica delante de Dios, viviendo bajo la gracia, no nos atamos a nosotros mismos con reglamentos detallados para vivir cristianamente agradecidos, "Porque el reino de Dios no es comida ni bebida, sino justicia, paz y gozo en el Espíritu Santo" (Romanos 14:17). Martín Lutero captó el espíritu de este versículo en su *Tratado de Libertad Cristiana* (1520), cuando dijo: "Un cristiano es un señor libre de todo, sujeto a nada". Sólo Dios es el Señor de la conciencia.

2. Los cristianos libres *pueden* utilizar el alcohol, pero hay muchas razones para no hacerlo. Es un hecho innegable: el alcohol puede producir una adicción. Pablo, un campeón de la libertad en Cristo, dijo: "Todas las cosas me son lícitas ... más yo no me dejaré dominar por ninguna" (1 Corintios 6:12). Sí, tenemos libertad, pero debemos utilizarla con sabiduría y discernimiento. Hay muchos cristianos que están practicando la "libertad cristiana" quienes ya están en la etapa primaria o media del alcoholismo, y algunas de estas personas ni siquiera están conscientes de lo que les está sucediendo. Un cuidadoso autoexamen siempre es necesario.

3. La libertad también es limitada por el amor al prójimo. El amor dibuja un círculo alrededor de vivir libremente. Lutero habló de los límites del amor cuando dijo: "El cristiano perfectamente libre es un siervo perfectamente hermoso para todos". La fe que trabaja a través del amor hace que estemos dispuestos a ser siervos de todos, y el amor que trabaja por la fe nos hace señores de todo. A través de esta conducta, un cristiano nunca debe conscientemente animar a otro para que caiga en pecado. Esto es lo que significa "ser una ofensa". No es solamente ser el motivo para que alguien no esté a gusto emocionalmente. Una ofensa, en la enseñanza bíblica, es la causa para que otro caiga en pecado.

No es una simple cuestión de poner límites. Dentro de las iglesias locales a menudo hay diferentes convicciones acerca de los límites del amor. Estas convicciones diferentes surgen de experiencias dolorosas, entrenamiento religioso diferente, y diferentes maneras de leer la Biblia. Un estudio en oración, discusión mutua, y compartir honestamente debe ser una experiencia continua conforme tratamos con la enseñanza de Romanos 14, 1 Corintios 10, Gálatas 5, y Colosenses 2. Aquellos que son fuertes en la fe nunca deben condescender a probar la fe de los débiles en la fe. Los débiles no deben juzgar a los fuertes. El cristiano que clama ser fuerte en la fe debe de ser débil, y los débiles pueden ser más fuertes de lo que creen. El respeto mutuo, compartir, y la honestidad se necesitan para encontrar los límites específicos del amor.

4. Los cristianos son llamados a ser ejemplos. Al comer o al beber debemos mostrar la alegre entrega y la obediencia sensible de Jesús, quien cambió el agua en vino para mostrar que su reino había llegado. Viviendo su presencia, no meramente viviendo *en* su presencia, es la clave para un estilo de vida de amor el cual sensiblemente sabe dónde colocar los límites para evitar la ocasión para que alguien más caiga en el problema del alcohol.

# SEIS
# CUIDADO POSTERIOR

### ¿Qué son los grupos de cuidado posterior?

Los grupos de cuidado posterior son miembros de AA, AL-Anon, y Alteen quienes se juntan para discutir su fe, crecimiento y recuperación, y para compartir pensamientos y experiencias. La asistencia a estos grupos sucede después de la recuperación, cuando la droga del alcohol ya no está presente. Estos grupos son la necesidad más grande en la comunidad cristiana, porque ellos proveen un lugar para aquellos que están saliendo del tratamiento, y es donde las personas en recuperación saben que van a ser entendidos y aceptados.

### ¿Por qué son esenciales estos grupos para la recuperación?

Alcanzar la sobriedad es difícil, pero es más difícil mantenerse sobrio. Una persona que está en recuperación necesita un ambiente para crecer que tenga amor y comprensión, pero también que sea honesto en la confrontación. Esta persona debe lidiar con la culpa, el temor, la baja autoestima y otras variedades de demonios.

Para evitar las recaídas, debe continuar aprendiendo a lidiar con estos problemas especiales:

1. *Negación de la impotencia, y la profunda necesidad de controlar.* Los cristianos a menudo tienen más problemas con la necesidad del control que los demás. Ellos esperan que la oración sea efectiva, pero se olvidan de que muchas oraciones ni siquiera son oraciones. Algunos aun se engañan a sí mismos al pensar que pueden controlar la gracia. Ellos desafían las técnicas del crecimiento, y se olvidan que la gracia es solamente un regalo. Nadie puede manipular a Dios para que la dé. ¡El es demasiado maravilloso para jugar de tal manera! La carne le hace la guerra a la gracia porque no conoce la humildad.

2. *La vergüenza y la culpa.* Secretamente, el alcohólico en recuperación se siente inferior a sus compañeros que están en el banco. Al recordar los pasados desórdenes alcohólicos, él piensa que otros lo están tratando con desdén, sospecha, y que no confían en él. Aunque esto suceda, las personas en recuperación aprenden a enfrentar honestamente estos hechos, resistiéndose a esconderse, correr, o llorar. Los grupos de cuidado posterior ayudan inmensamente.

3. *Utilizando el alcoholismo para no tomar responsabilidades.* El alcohólico pudo hacerle frente a la vida durante muchos años, pero su alcoholismo alteró su habilidad y exageró sus problemas. Gradualmente, en cuidado posterior, él aprende a asumir más y más responsabilidades, sabiendo que con la ayuda de Cristo y la de otros cristianos dispuestos, él puede volver a tomar las responsabilidades y vivir feliz.

4. *El temor al fracaso.* Mientras tomaba, el alcohólico no tenía miedo de nada. Se sentía como un dragón asesino. Nada más que eso. Su humor reprimido, fácilmente lo lleva al temor de tomar riesgos. El ánimo de los grupos de cuidado posterior ayuda a la persona en recuperación a vivir cómodamente con estos riesgos. Se atreve a alcanzar y a aceptar la incertidumbre. ¡La vida es un riesgo! En la vida hay fracasos y éxitos.

5. *Resentimientos y falta de confianza.* Los resentimientos no desaparecen rápidamente, las relaciones confiables, difíciles de reconstruir, pueden ser restauradas a través del poder de Cristo. Pero va a tomar tiempo, honestidad, coraje, y amor, y es especialmente difícil en iglesias que niegan que el alcoholismo es una enfermedad.

El *Libro Grande* de los AA dice: "Nosotros los alcohólicos somos indisciplinados. Por lo tanto, dejemos que Dios nos discipline.... Pero eso no es todo. Hay acciones y más acciones" (página 88). La recuperación es una caminata de toda la vida, día a día, con Jesús. El hace su milagro de sanidad a través de las personas en el cuidado posterior.

**¿Cuales son algunos peligros dentro de la recuperación que a menudo se discuten en estos grupos?**

A continuación algunos de los peligros más comunes:

1. *Hambre.* Puesto que las bebidas alcohólicas contienen mucha azúcar, a menudo son utilizadas para calmar los síntomas del hambre. No te descuides al extremo de sentirte hambriento.

2. *Ira.* Airaos, pero no pequéis. No dejes que el sol se ponga sobre tu enojo.

3. *Soledad.* La soledad es buena, pero los amigos son esenciales.

4. *Cansancio.* ¡La fatiga clama que alguien la cargue! No te canses demasiado.

**¿Qué es peculiarmente peligroso para los cristianos en las sesiones de los grupos de cuidado posterior?**

Tanto las personas en recuperación como las de Al-Anon y las de Alateen en el cuidado posterior a menudo sufren una división entre la conciencia intelectual y el nivel inconsciente de los sentimientos grabados. Intelectualmente todos están de acuerdo con las siguientes declaraciones:

1. El alcoholismo es una enfermedad, no una deficiencia moral.

2. La enfermedad es tratable, y puede detenerse su desarrollo.

3. Todos los alcohólicos son dignos de un tratamiento.

4. El alcohólico es la última persona que reconoce la enfermedad.

5. Las dimensiones espirituales son básicas para la recuperación.

Estas afirmaciones intelectuales, sin embargo, a menudo se hacen con reservas mentales escondidas. Estas reservas provocan toda clase de discusiones, aun argumentos calientes sobre el pecado, la responsabilidad moral y las enfermedades. Debido a la aparición de estos argumentos que surgen de profundos problemas internos, muchos grupos de recuperación experimentan tensiones y frustraciones.

Las actitudes y convicciones religiosas no son definitivamente por las creencias intelectuales. Muchas tradiciones en algunos hogares e iglesias que resultan regularmente inaceptables, juegan un papel fundamental al moldear sentimientos esenciales sobre los problemas del alcohol. La historia de la iglesia muestra tradiciones muy fuertes de enjuiciamientos morales catalogando a los alcohólicos como moralmente débiles y descuidados, sacándolos del compañerismo de la iglesia, aun entregándolos al "demonio del ron". Las bromas acerca del borracho de la iglesia son comunes. Estas tradiciones y actitudes están guardadas en niveles subconscientes del yo y bloquean las creencias intelectuales correctas mencionadas anteriormente y no las dejan funcionar con efectividad. Tanto los que ayudan como los que son ayudados se vuelven víctimas de esta división que no se percibe entre las convicciones conscientes y las actitudes subconscientes. Los malentendidos ocurren cuando las personas argumentan entre ellas, en lugar de dialogar los unos con los otros.

Para ayudar a promover las discusiones correctas en el cuidado posterior, previamente respondimos algunas preguntas orientadas bíblicamente. Los miembros de la iglesia con un corazón por el ministerio cristiano en el cuidado posterior pueden desear utilizarlas, quizás descubriendo más preguntas y mejores respuestas conforme ellos andan en el sendero del amor.

### ¿Cuáles son las condiciones previas para ayudar a otros en la recuperación?

Uno debe estar cómodo con sus propias actitudes y acciones en lo que respecta a beber. Cuidado con las racionalizaciones "basadas en la Biblia". "Todos los dones pueden ser utilizados con acción de gracias por los cristianos libres. ¡Nadie me puede decir que está mal el tomar! ¿Por qué tengo que limitar mi estilo de vida sólo porque otros no pueden beber moderadamente?

Romanos 14:17 puede ser utilizado como una excusa para ignorar los problemas relacionados con el alcohol. "Porque el reino de Dios no es comida ni bebida, sino justicia, paz y gozo en el Espíritu Santo".

Nadie quiere cortar la libertad en Cristo. Recuerden, sin embargo, que el alcohol es una droga. Ha hecho adictos a decenas de miles de personas. ¿Podrías tú posiblemente estar en la primera etapa del alcoholismo? ¿Qué tan importante es para ti tu cerveza diaria o tu cóctel? ¿Puedes estar igual de contento sin él? ¿Qué diferencia tan *real* hace una bebida para ti? ¿Es el jefe de tu vida?

"Texto bíblico" las racionalizaciones siguen siendo racionalizaciones. Pueden ser el combustible de la negación, el síntoma más grande del alcoholismo. Empieza con una autoevaluación honesta.

### ¿Qué cuestionario corto se puede utilizar para una autoevaluación?

Para empezar, utilice el siguiente:

1. ¿Alguna vez ha pensado que tiene que *tomar menos* de lo que lo hace?

2. ¿Algunas veces se ha *molestado* con algunas personas por criticar la manera en que toma?

3. ¿Alguna vez se ha sentido mal o *culpable* por la manera en que toma?

4. ¿Alguna vez ha tomado una copa como la primera cosa de la mañana (para *"despabilarse"*) para calmar sus nervios o librarse de la "resaca"?

Si ha respondido sí a cualquiera de estas preguntas, debería considerar la asesoría de un consejero profesional para determinar si es que tiene algún problema.

# APENDICE A: GRUPOS CRISTIANOS DE RECUPERACION

## FORMATO SUGERIDO Y TEMAS
### Formato

Pueden utilizar este formato de la manera en que se encuentra, o modificarlo según las necesidades particulares del grupo.

1. El líder designado abre el grupo, *a la hora exacta,* con un saludo:

"Hola, bienvenidos todos. Mi nombre es —————— y esta es la reunión de (nombre del grupo)".

2. El líder hace una oración para empezar.

3. Pregunte si hay visitantes que vienen por primera vez. Les da la bienvenida y les pide que digan su nombre solamente (sin apellidos), después permite que los demás se presenten también utilizando sólo su primer nombre.

4. Si el líder lo desea, puede entregar hojas de cantos y que el grupo cante varias canciones para entrar en el ambiente apropiado.

5. Se le pide a alguien que lea el preámbulo del grupo:

*El Koinomia Klub es una asociación de personas que tratan de vivir en tranquila libertad sin estar sujetos al uso del alcohol, drogas ilícitas ni medicamentos recetados.*

*Viviendo en una atmósfera de franqueza, sinceridad y mutualidad, compartimos los unos con los otros en confianza, porque sentimos que la confianza entre las personas necesitadas las lleva a experimentar la presencia de Jesucristo, quien es su mayor poder.*

*El Espíritu de Jesucristo es la fuente de nuestra experiencia espiritual de libertad y serenidad. Por un lado, no deseamos que el precioso don del amor liberador de Dios se pierda en la niebla de sentimientos confusos. Abiertamente honramos a Jesús como nuestro Señor y Salvador.*

*Por otro lado, en nuestra asociación no exigimos ni esperamos que los miembros concuerden en las definiciones referentes al pecado, la liberación y el servicio. Este club no es una iglesia. Nos aceptamos sin reservas los unos a los otros no teniendo en cuenta la membresía de iglesia, la carencia de la misma, ni creencias cristianas diferentes. La discusión franca y sincera nunca debe hacernos perder de vista nuestro objetivo, ni la sobriedad y serenidad.*

*Los doce pasos de los AA se emplean abiertamente sin alteración alguna o con modificaciones hechas por otros cristiano. Las formulaciones no son de interés específico. Sólo nos interesa como el programa de los Doce Pasos ha resultado en nuestras vidas.*

*No nos proponemos que nuestras reuniones sean un substituto de la reuniones regulares de los AA, sino que nos reunimos como un grupo cristiano que tiene un objetivo porque consideramos que nuestras creencias cristianas son importantes.*

*No queremos ahuyentar a los no cristianos. También entendemos que los adictos a veces necesitan las discusiones no comprometedoras de adictos ajenos a la iglesia. Creemos que Jesucristo se halla presente en cualquier reunión donde los miembros del grupo buscan la sobriedad y la serenidad. En este grupo nos sentimos muy a gusto al participar en conversaciones que tienen base bíblica y dependen de Jesús.*

*A cualquier grupo que desee ayuda adicional en formular una declaración de propósitos, le sugiero que contacte estas dos organizaciones. Ambas tratan de establecer puentes de un punto de partida de ministerios al mundo de la adicción.*

*Overcomers Outreach, Inc.*
*2290 W. Whittier Blvd.*
*Suite A*
*La Habron, Ca 90631*
*Teléfono: 1-310-617-3994*

*Alcoholics for Christ*
*1316 N. Campbell Rd.*
*Royal Oak, MI 48067*
*Teléfono: 1-800-441-7877*

6. Se le pide a alguien que lea los Doce Pasos (ver la siguiente sección del Apéndice A o página 126), seguida por la Oración de la Serenidad recitada al unísono por el grupo: "Dios dame serenidad para aceptar las cosa que no puedo cambiar, valor para cambiar las cosas que puedo, y sabiduría para saber la diferencia entre ellas".

7. Tiempo de estudio por tema. Escoja un tema de la lista de temas sugeridos (vea la siguiente sección del Apéndice A) o de material relacionado con el programa. El líder deberá asignar pasajes bíblicos, páginas de Al-Anon, páginas del "Gran Libro de los AA, etcétera, a aquellos en el grupo que desean participar. A medida que los individuos leen el material específico, se les da oportunidad de hacer comentarios sobre lo que se acaba de leer. Limite esta porción del programa a un tiempo aproximado de treinta minutos.

8. Tiempo de compartir. El líder deberá recorrer el salón y le pedirá a cada persona que comparta sus sentimientos y sus experiencias relacionadas con el día o la semana que pasó. Cada cual debe tener el derecho de participar en este tiempo de testimonio pero nadie debe sentirse presionado a hacerlo. El líder debe ser sensible y debe estar alerta a cualquier problema en especial que necesita ser dirigido, y evitar las interrupciones o los intentos de dominar la discusión. Trate de asegurarse de que todos los que desean compartir tengan la oportunidad de hacerlo. Limite esta porción de la reunión a una hora.

9. Tiempo de oración. Pregunte por peticiones de oración ya sea con respecto a los presentes u otros miembros de la familia. Designen a alguien para que empiece con oraciones de una frase. Y ya sea una persona designada o el líder deben terminar. El Padre Nuestro puede ser utilizado para concluir la reunión.

**Temas sugeridos para las reuniones**
   Cómo se forman los hábitos
   Lo que debe hacer y lo que no por los miembros de la familia
   Definición de la negación
   La intervención
   El alcoholismo y la familia
   El abuso de las drogas y la adicción
   Los riegos de las drogas recetadas
   Tratando con la depresión, la culpa, y la autocompasión
   El estilo de vida vencedor
   Apartándose
   Tu contrato propio de rehabilitación
   El camino a la recuperación
   Por qué toman las personas (o utilizan drogas)
   La Oración de la Serenidad

*Temas con sugerencias de las Escrituras*
   Acciones: Anda de la manera que hablas —Isaías 30:21; Romanos 6:4; 1 Corintios 4:20; 2 Corintios 5:7 Gálatas 5:16; Efesios 4:1; 5:2,15

Tratando con el enojo/resentimiento —Salmos 37:8-11; Proverbios 14:17; 15:1; 16:32; 19:11; 20:22; 22:24; Eclesiastés 7:9; Mateo 5:21-26,39; Santiago 1:19-20; 1 Pedro 3:8-18

Culpa/excusas —Génesis 3:9-15; Exodo 32:19:24; 1 Samuel 13:11-14; 15:16-23; Jeremías 1:6-7; Lucas 14:15-24; Romanos 1:20

Coraje —Deuteronomio 31:1-6; 2 Crónicas 32:1-8; Salmos 27:14; 28:6-9; 46:1-2; 91; 118: 5-7; 143:5-10; Juan 16:33; Efesios 6:10-17; Filipenses 1:27-28

Dependencia de Dios —Deuteronomio 33:27; 2 Crónicas 20:6-12; Salmos 127:1; 139:1-5; Jeremías 10:23-24; Mateo 28:18; Juan 3:22-27; 15:5 2 Corintios 3:4-5

Libertad —Génesis 2:16; Mateo 10:8; Juan 8:32; Romanos 6:7,22; 8:2,21; Gálatas 5:1,13-14; 1 Pedro 2:16

Amistad con Dios —Exodo 33:11; Job 16:20-22; Salmos 38:11; 149:4-5; 147:1-11; Proverbios 17:17; 18:24; Mateo 11:19; 28:20; Juan 15:13-14; Hechos 17:28-29; Hebreos 13:5-6; Santiago 4:4-10

La Voluntad de Dios —Salmos 40:6-8; 143:5-10; Mateo 12:46-50; 26:42; Juan 17:14-19; Romanos 12:1-2; Efesios 6:6-7; Santiago 4:13-16

Gratitud —Salmos 9:11-12; 106:1; 107:1-2; Isaías 12:1-2; Mateo 15:21-31; Lucas 15:11-32; 17:11-19; 2 Corintios 4:15-18; Colosenses 1:12-14; Hebreos 13:11-16; 1 Pedro 2:7-10

Honestidad —Levítico 19:11,35-36; Proverbios 16:8; Romanos 12:17; 13:12-14; 2 Corintios 8:16-21; Filipenses 4:8; 1 Pedro 3:10; 1 Juan 1:8-9

Dejar a Dios obrar (impotencia, rendición) —Salmos 31:24; 33:18-22; 39:1-7; 42:9-11; 46:1; 71:1-5; Jeremías 17:7-8; 2 Corintios 1-9

Vivir y dejar vivir (aceptación, crítica, juicios) —Mateo 7:1,3-5; Lucas 10:38-42; Romanos 2:1; 14:4,13; 1 Corintios 4:5; 1 Tesaloniscenses 4:11

Un día a la vez (ansiedad, temor, preocupación, fe) —Deuteronomio 28:67; Mateo 6:25-34; Lucas 12:11-12:25-26; Filipenses 4:6; 1 Pedro 5:7

Mente abierta —Proverbios 18:15; Isaías 30:21; 32:18-19; 55:8-9; Oseas 12:6; Mateo 8:3; 16:23; 21:31; Marcos 9:23; 12:10-11; Lucas 23:43; Juan 9:39; 2 Corintios 10:3; Efesios 3:16,20; Hebreos 3:10

Vencedores —Salmos 40:1-2; Isaías 40:28-31; Nahúm 1:7; Juan 1:16-17; 8:31-32; 16:33; Romanos 12:21; 13:14; Gálatas 4:8-9; 5:13-16; 2 Timoteo 4:14-17; 1 Juan 5:4-5

Serenidad (Paz) —Salmos 5:11; 16:11; 30:5; 51:12; 146:5; Proverbios 17:22; Isaías 26:3; Jeremías 15:16; Mateo 5:6-10; Juan 15:11; Filipenses 4:6-7; 1 Pedro 1:8; 3:11;

Venganza —Levítico 19:18; Proverbios 20:22; 24:28-29; Mateo 5:38-39; Romanos 12:14-18; 1 Pedro 3:9

Disposición —Exodo 35:5; Jueces 5:1-2; 8:23-25; Nehemías 11:1-2; Salmos 110:3; Isaías 1:18-19; 2 Corintios 8:1-3; 1 Tesalonicenses 2:8

## VARIACIONES DE LOS DOCE PASOS DE LOS AA

### Los Doce Pasos reescritos

*1. Nosotros admitimos que estábamos impotentes ante el alcohol o el alcohólico (la substancia de la que habíamos abusado) y que nuestras vidas se habían vuelto incontrolables.*

"Hay camino que al hombre le parece derecho; pero su fin es caminos de muerte" (Proverbios 14:12).

"Porque no hago el bien que quiero, sino el mal que no quiero, eso hago" (Romanos 7:19).

Otras escrituras: Génesis 4:7; Proverbios 3:5-8; 14:12; Juan 8:34-36; Romanos 3:10,23; 7:5-6,18-20,24-25; 8:1-2,9-10; 1 Corintios 10:13-14; 2 Corintios 1:9; 1 Pedro 5:6-7.

*2. Hemos llegado a creer que a través de Jesucristo podemos restaurar nuestra relación con Dios el Padre, y podemos lograr la sanidad y la estabilidad de nuestras vidas.*

"Jesús le dijo: Yo soy el camino, y la verdad, y la vida; nadie viene al Padre, sino por mí" (Juan 14:6).

"Y esta es la voluntad del que me ha enviado: Que todo aquel que ve al Hijo, y cree en él, tenga vida eterna; y yo les resucitaré en el día postrero" (Juan 6:40).

"Porque todo aquel que invocare el nombre del Señor, será salvo" (Romanos 10:13).

Otras escrituras: Isaías 1:18-20; Juan 3:3-5; 6:37-40; 7:37-39; 10:37-39; 11:25-26; 14:1-4; 17:15-26; 20:29-31; Romanos 8:11; 10:1-4,13; 2 Corintios 4:13-14; Apocalipsis 3:20

### 3. *Decidimos darle la espalda a las cosas del pasado e invitamos a Jesucristo para que sea el Señor y para que controle nuestras vidas.*

"Que si confesares con tu boca que Jesús es el Señor, y creyeres en tu corazón que Dios le levantó de los muertos, serás salvo. Porque con el corazón se cree para justicia, pero con la boca se confiesa para salvación" (Romanos 10:9-10).

Otras escrituras: Proverbios 16:3; Mateo 11:28-30; Juan 3:16-18,36; 10:17-18; 12:24; Romanos 5:17; 6:12-14; 10:9-10; 1 Corintios 15:22; 2 Corintios 5:15-21; 6:2; Filipenses 1:13-16; 1 Juan 4:15-17.

### 4. *Sin temores, hicimos un inventario de nosotros mismos.*

"Y no participéis en las obras infructuosas de las tinieblas; sino más bien reprendedlas" (Efesios 5:11).

"Porque la tristeza que es según Dios produce arrepentimiento para salvación, de que no hay que arrepentirse; pero la tristeza del mundo produce muerte" (2 Corintios 7:10).

Otras escrituras: Salmos 19:14; 139:23-24; Ezequiel 36:26-27,31; Marcos 7:20-23; Juan 8:34-36; Romanos 8:5-9; 12:1-3; 13:11-14; 2 Corintios 6:14-7:1; 7:10; Gálatas 5:13-16; Efesios 4:17-5:21; 1 Juan 1:8; 3:19-24.

### 5. *Aceptamos ante Jesucristo, nosotros mismos y otras personas la naturaleza exacta de nuestros males.*

"Si decimos que no tenemos pecado, nos engañamos a nosotros mismos, y la verdad no está en nosotros. Si confesamos nuestros pecados, él es fiel y justo para perdonar nuestros pecados, y limpiarnos de toda maldad" (1 Juan 1:8-9).

"Confesaos vuestras ofensas unos a otros, y orad unos por otros, para que seáis sanados (Santiago 5:16a).

"La noche está avanzada, y se acerca el día. Desechemos, pues, las obras de las tinieblas, y vistámonos las armas de la luz" (Romanos 13:12).

Otras escrituras; Salmos 32:1-5; Proverbios 20:9; 28:13; Lucas 12:2-3; Juan 3:19-21; 1 Juan 1:8-10; 2:1-12; Santiago 5:16.

## 6. Estabamos completamente dispuestos para que Dios a través de Jesucristo eliminara todos los defectos de nuestro carácter.

"Todo aquel que es nacido de Dios no practica el pecado, porque la simiente de Dios permanece en él; y no puede pecar, porque es nacido de Dios" (1 Juan 3:9).

"Así que, hermanos, os ruego por las misericordias de Dios, que presentéis vuestros cuerpos en sacrificio vivo, santo, agradable a Dios, que es vuestro culto racional" (Romanos 12:1).

Otras Escrituras: Juan 1:29; Hechos 3:19; Romanos 12:1-2; Gálatas 1:3-5; Efesios 1:17; 2:3-5; 4:31-32; 2 Timoteo 2:15; Hebreos 4:13-16; 8:10-12; 1 Pedro 5:6-7; 1 Juan 3:4-6,9-10.

## 7. Humildemente le pedimos a Jesucristo que removiera nuestras deficiencias —creyendo que él las removerá— y que nos perdonará.

"El que encubre sus pecados no prosperará; mas el que los confiesa y se aparta alcanzará misericordia" (Proverbios 28:13).

"Mi pecado te declaré, y no encubrí mi iniquidad. Dije: Confesaré mis transgresiones a Jehová; y tú perdonaste la maldad de mi pecado" (Salmo 32:5).

Crea en mí, oh Dios, un corazón limpio, y renueva un espíritu recto dentro de mí" (Salmo 51:10).

Otras escrituras: Salmos 32:5; 41:4; 51:1-13; Proverbios 1:7; 15:33; 20:9; 22:4; 28:13; Mateo 3:1-2; 18:1-4; Lucas 18:10-14; Hebreos 11:6; 1 Pedro 5:6-7; 1 Juan 1:9.

**8. Hicimos una lista de las personas a las que hemos lastimado, y estuvimos dispuestos a disculparnos ante todos ellos.**

"Los necios se mofan del pecado; mas entre los rectos hay buena voluntad" (Proverbios 14:9).

"Por tanto, si traes tu ofrenda al altar, y allí te acuerdas que tu hermano tiene algo contra ti, deja allí tu ofrenda delante del altar, y anda, reconcíliate primero con tu hermano, y entonces ven y presenta tu ofrenda" (Mateo 5:23-24).

Otras Escrituras: Proverbios 14:9; 20:22; 24:29; Mateo 5:21-24; 6:14-15; 7:12; Marcos 11:25; Lucas 6:27-29; Juan 13:34- 35; 1 Pedro 4:7-8; 1 Juan 2:9-11.

**9. Enmendamos todo lo que pudimos directamente con estas personas, cuando fue posible, excepto cuando el hacerlo los lastimaría nuevamente a ellos o a otros.**

"Pagad a todos lo que debéis: al que tributo, tributo; al que impuesto, impuesto; al que respeto, respeto; al que honra, honra; no debáis a nadie nada, sino el amaros unos a otros; porque el que ama al prójimo, ha cumplido la ley" (Romanos 13:7-8).

"¿Y quién es aquel que os podrá hacer daño, si vosotros seguís el bien?" (1 Pedro 3:13).

Otras escrituras: Proverbios 25:21-22; Ezequiel 33:14-15; Mateo 25:40; Romanos 13:7-8; 1 Pedro 3:13.

**10. Continuamos haciendo un inventario de nosotros mismos, y cuando nos equivocamos, lo aceptamos.**

"Digo, pues, por la gracia que me es dada, a cada cual que está entre vosotros, que no tenga más alto concepto de sí que el que debe tener, sino que piense de sí con cordura, conforme a la medida de fe que Dios repartió a cada uno" (Romanos 12:3).

"Nada hagáis por contienda o por vanagloria; antes bien con humildad, estimando cada uno a los demás como superiores a él mismo" (Filipenses 2:3).

Otras escrituras: Lucas 12:1-3; Romanos 12:3; 1 Corintios 10:12-13; 13:4-7,11; Efesios 4:25; Filipenses 2:1-4; 2 Timoteo 2:23-24; Hebreos 9:13-14; Santiago 1:22; 1 Pedro 1:22-23; 2:16-17; 1 Juan 1:9; 2:1-2.

*11. Buscamos a través de la oración y la meditación en la Palabra de Dios aumentar nuestra relación con él, orando continuamente por el conocimiento de su voluntad para nosotros y el poder de su fuerza para alcanzarlo.*

"Hijo mío, está atento a mis palabras. Inclina tu oído a mis razones. No se aparten de tus ojos; guárdalas en medio de tu corazón; porque son vida a los que las hallan, y medicina a todo su cuerpo" (Proverbios 4:20-22).

"Pedid y se os dará; buscad, y hallaréis; llamad, y se os abrirá. Porque todo aquel que pide, recibe; y el que busca, halla; y al que llama, se le abrirá" (Mateo 7:7-8).

"Estad siempre gozosos. Orad sin cesar. Dad gracias en todo, porque esta es la voluntad de Dios para con vosotros en Cristo Jesús" (1 Tesaloniscenses 5:16-18).

Otras escrituras: Salmos 1:1-3; 19:14; 40:8; 119:10-11; 143:10; Mateo 6:5-13; 7:7-8; 12:50; 18:18-20; 26:41; Juan 16:23-24; Hechos 1:14; 4:29-31; 2 Corintios 10:4-5; Efesios 3:14-19; 6:18; 1 Tesalonicenses 5:16-18.

*12. Habiendo sido restaurados espiritualmente y liberados del 'pecado que fácilmente nos engaña', intentamos compartir esta libertad, y a Aquel que nos ha traído a esto, con aquellos que siguen sufriendo, trabajamos para practicar los principios del Señor en todos nuestros asuntos.*

"Pero recibiréis poder, cuando haya venido sobre vosotros el Espíritu Santo, y me seréis testigos en Jerusalén, en toda Judea, en Samaria, y hasta lo último de la tierra" (Hechos 1:8).

"Mas el fin de todas las cosas se acerca; sed, pues, sobrios, y velad en oración. Y ante todo, tened entre vosotros ferviente amor; porque el amor cubrirá multitud de pecados" (1 Pedro 4:7-8).

Otras escrituras: Mateo 9:35-38; 10:7-8; 16:33; Juan 8:31-32; 15:7-8,15-17; Romanos 10:14-17; 1 Corintios 9:19-23; 2 Corintios 1:3-4; Gálatas 6:1-2; 2 Timoteo 4:3-5; 1 Pedro 5:8-9; Judas 20-23.

## Los Doce Pasos de los Alcohólicos Anónimos sin alteraciones, ampliados con las Escrituras

*1. Admitimos que éramos impotentes ante el alcohol, que nuestras vidas se habían vuelto incontrolables.*
  A. Impotentes e inútiles —Números 11:14-17; Jeremías 9:23; 24; Lucas 13:10-13; Juan 15:5; Romanos 5:1-6; 7:18-8:2; 2 Corintios 1:9; 3:4-5.
  B. La debilidad del hombre se convierte en la oportunidad para que Dios ayude —Salmos 116:5-9; Marcos 4:35-41; 5:21-29.
  C. Fuerza en la debilidad —2 Corintios 12:1-10; Hebreos 11:32-34.

*2. Llegamos a creer que una fuerza superior a nosotros restauraría nuestra salud.*
  A. Ejemplos de una fe débil —Mateo 6:28-30; 8:23-26; 14:23-32.
  B. Ejemplos de una fe fuerte —Mateo 8:1-3,23-26; 9:18-25,28-29.
  C. Obstáculos que prueban la fe de los creyentes —Mateo 15:21-28; Marcos 5:35-36; 10:13; Lucas 5:17-26; Juan 9:1-25; 11:1-6.
  D. Falta de salud —Salmos 14:1; Proverbios 12:15.

*3. Tomamos la decisión de dar nuestra voluntad y nuestras vidas al cuidado de Dios, de la manera como lo entendemos a El.*
  A. La vida rendida —Mateo 11:28-30; Juan 10:1-10; Gálatas 2:20.

B. Sumisión a la voluntad Divina —Salmos 32:8-9; 40; 143:10-11; Proverbios 3:5-6; 28:26.

C. Agradando a Dios —Proverbios 16:7.

D. Entendimiento —Salmos 119:104-106; Proverbios 2:6.

E. Salvación a través de Cristo —Juan 3:16; Hechos 2:21; 4:12; 15:11.

**4. Hicimos un inventario moral escudriñando y sin temores acerca de nosotros mismos.**

A. Principios de catalogar —Deuteronomio 30:1-3; Salmos 32:3-5; 51:3; Proverbios 28:13; Isaías 59:9-12; Jeremías 3:13; 14:20-22; Lamentaciones 3:20-23,39-40; 1 Juan 1:5-10.

B. Inventario de nosotros mismos —Mateo 7:1-5; Efesios 4:31-32; 2 Pedro 1:5-10.

C. Disposición para perdonar a otros —Mateo 6:14-15; Efesios 4:31-32; Colosenses 3:12-13.

**5. Admitimos ante Dios, ante nosotros mismos, y ante otras personas la naturaleza exacta de nuestro mal proceder.**

A. Principios de confesión —Salmos 32:3-5; Proverbios 28:13; Gálatas 6:13; Santiago 5:16.

B. Ejemplos de confesión —1 Samuel 15:24; 2 Samuel 12:13; Mateo 3:1-6; Lucas 15:11-32; Hechos 19:13-20.

C. Necesidad de ser honestos —Romanos 12:17; 2 Corintios 8:16-21; 1 Pedro 2:12.

**6. Estamos completamente dispuestos a permitir que Dios elimine los defectos de nuestro carácter.**

A. Humildad/reconocer los defectos —Hebreos 12:1-2.

B. Estar dispuestos a cortar nuestra voluntad —2 Timoteo 2:20-22.

C. La preparación precede a las bendiciones —2 Reyes 3:16-20; 4:1-7; Oseas 10:12; Joel 2:12-13.

D. Principio de limpieza —Salmos 103:10-12; Isaías 1:18; Miqueas 7:18-20; Romanos 6:1-14; 2 Corintios 5:15-17; 1 Juan 1:9.

**7. Humildemente le pedimos que elimine nuestras deficiencias.**
  A. Humildad —Proverbios 16:18-19; 22:4; 29:23; Isaías 57:15; Miqueas 6:8; Santiago 4:7-10.
  B. Ejemplos de humildad —Génesis 32:9-10; 1 Samuel 9:15-21; 2 Samuel 17:1-8; 1 Reyes 3:3-7.
  C. Promesas para los humildes —Isaías 66:1-2; Mateo 5:1-3; Lucas 14:7-11; 2 Corintios 8:9; 12:7-10.

**8. Hicimos una lista de las personas a las que habíamos lastimado, y estuvimos dispuestos a disculparnos ante todos ellos.**
  A. La preparación precede a la bendición —Mateo 5:23-24
  B. Disposición —Nehemías 11:1-2; Isaías 1:18-19; 2 Corintios 8:3,9-12; 1 Pedro 5:2.

**9. Enmendamos todo lo que pudimos directamente con estas personas, cuando fue posible, excepto cuando el hacerlo los lastimaría nuevamente a ellos o a otros.**
  A. Librarte de la carga —Hebreos 12:1.
  B. Reconciliación con el hermano —Mateo 18:15.
  C. Reconciliación con Dios a través de Cristo —2 Corintios 5:18-21; Efesios 2:14-18; Colosenses 1:20; Hebreos 2:17-18.

**10. Continuamos haciendo un inventario de nosotros mismos, y cuando nos equivocamos, lo aceptamos.**
  A. Principios de permanencia —Salmos 139:23-24; Romanos 6:1-4; Gálatas 6:1-5; 2 Timoteo 3:14.
  B. Confesión —Mateo 5:43-44; 6:12; Efesios 4:23-32; Santiago 5:16; 1 Juan 1:8-10.
  C. Dejar que Dios examine cuando cuestionas algo que está mal —Salmos 26:1-12; Proverbios 28:13-14; Lamentaciones 3:39-40.

***11. Buscamos a través de la oración y de la meditación mejorar nuestro contacto consciente con Dios, de la manera que nosotros lo entendemos, orando por el conocimiento de su voluntad en nosotros, y la fortaleza para cumplirla.***

A. Oración —Mateo 6:5-15; Lucas 11:1-13; 18:1-8; Juan 17.

B. El Espíritu Santo ayuda en oración —1 Crónicas 16:11; Mateo 7:7-11; 26:39-41; Santiago 5:13.

C. Oraciones respondidas —Exodo 15:25; Jueces 6:36-40; 1 Reyes 18:36-39.

D. Promesas de respuesta —Isaías 65:24; Juan 15:5-7.

E. Causas del fracaso —Salmos 66:16-20; 2 Corintios 12:8-10.

F. Meditación —Salmos 1:2; 19:12-14.

***12. Habiendo tenido un despertar espiritual como resultado de estos pasos, tratamos de llevar este mensaje a los alcohólicos y practicar estos principios en todos nuestros asuntos.***

A. El despertar espiritual es esencial —Mateo 18:1-3

B. Llevar el mensaje —Isaías 52:7; Mateo 10:8; Juan 4:34-38; Romanos 10:14-15; 1 Pedro 3:15.

# Indice de actitudes personales

| | Asiento | Disiento | Indeciso |
|---|:---:|:---:|:---:|
| 1. Embriaguez y alcoholismo son la misma cosa. | A | D | I |
| 2. Los alcohólicos y los adictos a la heroína tienen problemas completamente distintos. | A | D | I |
| 3. Las personas enviciadas en sustancias químicas tienen imperfecciones básicas de personalidad. | A | D | I |
| 4. Para amar genuinamente a alguien químicamente enviciado hay que aceptarlo como él es. | A | D | I |
| 5. Toda la familia se ve afectada cuando hay un problema de adicción a sustancias químicas. | A | D | I |
| 6. Los adictos a sustancias químicas pueden ser realmente ayudados sólo si están en la miseria. | A | D | I |
| 7. Los adictos a sustancias químicas padecen de una enfermedad sobre la cual su voluntad no tiene control alguno. | A | D | I |
| 8. La mayoría de los adictos a sustancias químicas jamás perdonarían a un cónyuge que le obligara a someterse a un tratamiento. | A | D | I |
| 9. Un alcohólico es tan culpable de su condición como un diabético de la suya. | A | D | I |
| 10. Más de uno de cada diez alcohólicos se halla en el "barrio chino". | A | D | I |
| 11. Es de esperarse que cualquiera que consuma una cantidad grande de alcohol por un período de tiempo suficientemente prolongado llegue a ser un alcohólico. | A | D | I |
| 12. Una persona que no consume algo más que la cerveza probablemente no sea un alcohólico. | A | D | I |

13. Uno puede ser un buen trabajador       **A**       **D**       **I**
y cumplir con su trabajo a pesar
de ser adicto a sustancias químicas.

14. Uno puede llegar a ser tan adicto      **A**       **D**       **I**
a los tranquilizantes como al al-
cohol.

15. Los adictos a sustancias químicas      **A**       **D**       **I**
generalmente carecen de fuerza
de voluntad.

# APENDICE B:
# RECURSOS

## LIBROS

**Anónimos**
*Alcoholics Anonymous.* New York, N.Y.: AA World Services, Inc, 1976.
*Alcoholics Anonymous Come to Age.* New York, N.Y.: AA World Services, Inc, 1975.
*Alateen: Hope for Children of Alcoholics.* New York, N.Y.: Al-Anon Family Group Headquarters, Inc 1985.
*Al-Anon Faces Alcoholism.* New York, N.Y.: Al-Anon Family Group Headquarters, Inc., 1984.
*Came to Believe.* New York, N.Y.: Alcoholics Anonymous World Services, Inc, 1982.
*Twelve Steps and Twelve Traditions.* New York, N.Y.: AA World Services, Inc, 1982.
Bass, Ellen & Davis, Laura. *The Courage to Heal.* New York, N.Y.: Harper and Row, 1988
Beattie, Melody. *Codependent No More.* New York, N.Y.: Harper and Row, 1987.
Black, Claudia. *Children of Alcoholics.* New York, N.Y.: Ballantine Books, 1981.

Bradshaw, John. *Health Communications.* Pompano Beach Fl.: 1988.

DeJong Alexander C. *Help and Hope for the Alcoholic.* Wheaton: Tyndale House, 1986.

Drews, T. *Getting Them Sober.* (Vols. 1 & 2). Plainfield, N.J.: Bridge Publishing, 1980, 1983.

Goodwing. D. *Is Alcoholism Hereditary?* New York, N.Y.: Oxford Univerisity Press, 1976.

Jellinek, E. M. *The Disease Concept of Alcoholism.* New Haven, CT: College and University Press, 1960.

Johnson, Vernon *I'll Quit Tomorrow.* New York, N.Y.: Harper and Row, 1980.

Keller, John. *Ministering to Alcoholics.* Minneapolis: Augsburg, 1966.

Kellerman, J. *Alcoholism: A Merry-Go-Round Named Denial* Center City, MN.: Augsburg Publishing House, 1966.

Mann, Marty. *New Primer on Alcoholism.* New York, N. Y.: Holt, Rhinehart, and Winston, 1981.

Martin, Greg, *Spiritus Contra Spiritum.* Philadelphia: Westminster Press, 1977.

Milan, J. and Ketchman, L. *Under de Influence.* New York, N.Y.: Bantam Books, 1983.

Ohlms, D., *The Disease Concept of Alcoholism.* Belleville, IL: Gary Whiteaker Company, 1983.

Stein, R. *"Wine, Drinking in the New Testament Times".* Christianity Today, (June 20, 1979): 9-11.

Spickard, A., MD, and B. Thompson. *Dying for a Drink.* Waco: Word Books, 1985.

Subby, Robert. *Lost in the Shuffle.* Pompano Beach, Fl.: Health Communications, 1987.

Timmer, John *God of Weakness.* Grand Rapids, MI.: Zondervan, 1985.

Thompson, Barbara. "Alcoholism: Even the Church is Hurting". *Christianity Today,* (August, 1983): 24-28.

Wegscheider, Sharon, *Another Chance.* Palo Alto, CA: Science and Behavior Publications, 1981.

Wholey, D., *The Courage to Change.* Boston, MA: Houghton Mifflin Company, 1984.

Woititz, J. *Adult Children of Alcoholics.* Pompano Beach, Fl: Health Communications, 1983.

Woititz, J. *Struggle for Intimacy.* Pompano Beach, Fl: Health Communications, 1985.

## PELICULAS

*Al-Anon Speaks for Itself.* New York, N.Y. Al-Anon Family Group Headquarters, 1986.

*Disease Concept of Alcoholism and Disease Concept of Alcoholism II* (con David Ohlms). Belleville, IL: Gary Whiteaker Company, Inc.

*The Enablers.* Minneapolis, MN; The Johnson Institute.

*The Intervention.* Minneapolis, MN; The Johnson Institute.

*The Disease Concept of Alcoholism.* Ohlms

*The Family Trap.* Sharon Wegscheider.

*Soft in the Heart of a Child.* San Diego, CA: Operation Cork.

*Otras fuentes de películas y videos*

Hazelden Educational Services

Box 176

Center City, MN 55012

1-800-328-9288

También contacten centros locales de tratamiento, hospitales, y a AA, Al-Anon, y Alateen para listas de películas o de videos.

## ORGANIZACIONES NACIONALES

(Para reuniones locales consulte las páginas amarillas de su directorio telefónico.)

Al-ANon Family Group

P.O. Box 182, Madison Square Garden

New York, NY 10159

(212) 481-6565

Alcohol and Drug Problems Association of North America
(ADPA)
1101 15th Street, NW
Washington, DC 20005
(202) 452-0990

Alcoholic Anonymous
General Service Office
468 Park Avenue South
New York NY 10016
(212) 686-1100

Narc-Anon Family Group
P.O. Box 2562
Palos Verdes, CA 90274
(213) 547-5800
Narcotics Anonymous
World Service Office
P.O. Box 622
Sun Valley, CA 91325
(213) 768-6203

National Alcoholism Treatment Directory ($5.00)
Alcoholism/The National Magazine
Box C 19051
Seattle, WA 98109
(800) 528-6600, ext. 100

National Association of Alcoholism Counselors
951 S. George Mason Drive
Arlington, VA 22204
(703) 920-8338

National Association of Alcoholism Treatment Programs
2082 Mickelson Dr., Suite 200
Irvine, CA 92715
(714) 975-0104

National Black Alcoholism Council
100 Marylan Avenue, NE
Washington, DC 20005

National Clearinghouse for Alcohol Information
Box 2345
Rockville, MD 20852
(301) 468-2600

National Clearinghouse for Drug Abuse Information
P.O. Box 722
Kensigton, MD 20901

National Coalition of Hispanic Mental Health and Human
Services Organizations.
1010 15th Street, NW, suite 402
Washington, DC 20005

National Council of Alcoholism (NCA)
733 Third Avenue
New York, NY 10017
(212) 986-4433

National Episcopal Coalition on Alcohol
P.O. Box 50489
Washington, DC 20004

National Federation of Parents for Drug-Free Youth
P.O. Box 722
Silver Springs, MD 20901
(301) 593-9256

National Indian Board on Alcohol and Drug Abuse
P.O. Box 8
Turtle Lake, WI 54889

National Institute on Drug Abuse (NIDA)
5600 Fishers Lane
Rockville, MD 20857
National PTA-Alcohol/Drug Education Project
700 North Rush Street
Chicago, IL 60611

North Conway Institute
14 Beacon Street
Boston, MA 02108
(617) 742-0424

Parkside Medical Services Corporation
Martin Doot, Director
205 W. Touhy Ave.
Park Ridge, IL 60068
(708) 692-9660

Prevention of Alcohol Problems, Inc.
4616 Longfelow Avenue S
Minneapolis, MN 55407
(612) 729-3047

Pride
100 Edgewood Avenue, Suite 1216
Atlanta, GA 30303
(800) 282-4241